2018年云南省哲学社会科学研究基地课题研究成果

文旅经纬

国际旅游 供应链结构
与企业协同行为研究

马孟丽 著

厦门大学出版社
XIAMEN UNIVERSITY PRESS
国家一级出版社
全国百佳图书出版单位

图书在版编目（CIP）数据

国际旅游供应链结构与企业协同行为研究 / 马孟丽
著. -- 厦门：厦门大学出版社，2023.10
（文旅经纬）
ISBN 978-7-5615-8621-1

Ⅰ．①国… Ⅱ．①马… Ⅲ．①国际旅游-供应链管理
-研究 Ⅳ．①F590.84

中国国家版本馆CIP数据核字(2022)第241162号

责任编辑　施建岚
美术编辑　李嘉彬
技术编辑　朱　楷

出版发行　厦门大学出版社
社　　址　厦门市软件园二期望海路39号
邮政编码　361008
总　　机　0592-2181111　0592-2181406(传真)
营销中心　0592-2184458　0592-2181365
网　　址　http://www.xmupress.com
邮　　箱　xmup@xmupress.com
印　　刷　广东虎彩云印刷有限公司

开本　720 mm×1 000 mm　1/16
印张　16
插页　2
字数　210 千字
版次　2023 年 10 月第 1 版
印次　2023 年 10 月第 1 次印刷
定价　66.00 元

本书如有印装质量问题请直接寄承印厂调换

厦门大学出版社
微信二维码

厦门大学出版社
微博二维码

序 言

　　全球经济的不断增长和物质生活的日益丰富，为国际旅游合作的发展带来了新的契机。然而，瞬息万变的外部宏观和微观环境使得传统的经营模式和"一体化"的发展策略已无法满足现代旅游业发展的要求，旅游业的竞争将逐渐演化为供应链之间的竞争。进入 21 世纪后，"协同"的思想已渐渐成为制造业和零售业供应链管理的核心理念和全新的管理哲学。实现旅游供应链节点企业之间的无缝衔接，共同创造竞争优势（即实现"协同"）也将是未来旅游供应链研究和发展的趋势。本书创新性地从社会网络的视角出发，对国际旅游供应链运作机理和网络结构进行分析，探讨国际旅游供应链主体协同行为的成因机制，并完善国际旅游供应链协同行为研究理论体系框架，对于解决目前国际旅游合作中存在的诸多问题，实现我国在"一带一路"背景下区域协同发展、构建对外开放新格局具有重要而深远的意义。

　　本书主要包括以下几方面的内容：其一，国际旅游供应链系统的现状、问题和运行环境分析。在梳理国内外相关理论和研究成果的基础上，通过深度访谈和资料分析的方式，总结理论研究和实践操作方面的现状以及存在的不足，进而提出本书主要解决的问题。其二，国际旅游供应链网络结构研究。根据旅游供应链内部的关系特征，构建国际旅游供应链网络结构模型，并对其运作机理、各主体之间的关系情况以及协同合作情况进行分析;同时运用社会网络分析(social network analysis, SNA)方法对国际旅游供应链的网络结构和中心性进行分析。其三,国际旅游供应链主体协同行为成因机制分析。运用结构方程模型(structural equation modeling,SEM)从个体研究层面构建国际旅游供应链节点企业协同行为成因模型,并对主体协同行为的成因机理进行分析,探讨节点企业的网络结构位置、协同态度、协同意向和协同行为之间的因果关系。其四,促进国际旅游供应链协同管理的对策研究。

研究发现:在国际旅游供应链中,旅行社企业居于整条供应链的核心位置,存在"双核心"的现象;基于社会网络的视角,"依赖性"、"影响"、"签约"和"信赖"这四个网络对"协同态度"网络存在正向的影响作用;国际旅游供应链中节点企业的网络结构位置对协同态度和协同意向有负向的影响作用;协同态度和协同意向在网络结构位置对协同行为的影响作用中具有中介效应。因此,各级相关政府部门、供应链以及旅游企业首先应重视强化"双核心"的理念和地位,通过构建多渠道的协同信息共享模式处理好"核心"与"边陲"的关系,同时还要注重对协同态度的激发与管理,从而促进国际旅游供应链节点企业协同行为的生成和供应链协同管理的实现。

当然,本书还存在有待深入挖掘和继续研究的空间,例如新发展阶段旅游供应链的创新发展模式,后疫情时代国际旅游供应链的抗风险能力,供应链如何促进文化融合、乡村振兴以及中华民族命运共同体生成和发展方面的研究。未来,笔者将以本书作为研究的新起点,不断探索、持续研究,争取在旅游供应链研究中取得更多的成绩。

马孟丽

2023 年 1 月 9 日

目　　录

第一章　绪论

一、国际旅游供应链需要协同发展

(一)经济增长和旅游需求增加为旅游业的发展带来了契机

随着全球经济的不断增长和物质生活的日益丰富,在生活水平不断提高的基础上,人们开始追求更高层次的精神领域的享受。根据国际经验,人的旅游动机类型与人均国民生产分不开,只有当人均国民生产总值(人均 GNP)达到 800 美元时,人们才会产生旅游的动机。由表1.1 可见,中国的人均 GNP 早在 1998 年便达到 800 美元。旅游作为一种放松身心、缓解压力、增长见识的方式,已经成为近年来人们消费的热点,旅游业也随之成为世界经济中发展势头最强劲、规模最大的产业之一。据环球网数据,2019 年我国国内旅游人数达 60.06 亿人次,同比增长 8.4%;入境旅游人数 14 531 万人次,增长 2.9%;出境旅游人数 15

463 万人次,增长 3.3%。全年旅游总收入 6.63 万亿元,同比增长 11.1%[①]。同时,旅游业还因其具有的可持续性、无污染性和可循环性等特点而受到各国政府的大力支持和推广。《"十四五"旅游业发展规划》对当前旅游产业转型发展进行了科学判断:进入新发展阶段,旅游业面临高质量发展的新要求,人民群众旅游消费需求将从低层次向高品质和多样化转变。在日益加剧的国际发展竞争与国内增长动能转变的背景下,中国目前已不再追求高速增长,更多的是寻求一种可持续、高质量的新型增长动能。经济的增长和需求的增加,为旅游业的发展带来了前所未有的机遇,近十年来,旅游业已发展成为全球所有产业中发展最快、规模最大的产业之一,全球近 10% 的就业机会来自旅游业,2019 年旅游业对全球 GDP 的贡献率达到 11.05%。

表 1.1　中国 1998—2017 年人均 GNP 数据

年份/年	人均 GNP/美元	年份/年	人均 GNP/美元
2017	8 582	2007	2 510
2016	8 250	2006	2 060
2015	7 950	2005	1 760
2014	7 520	2004	1 510
2013	6 800	2003	1 280
2012	5 940	2002	1 110
2011	5 060	2001	1 010
2010	4 340	2000	940
2009	3 690	1999	860
2008	3 100	1998	800

资料来源:整理自快易理财网[②]。

---

① 余俊杰,周玮.2019 年我国国内游人次超 60 亿[EB/OL].(2020-06-20)[2022-07-08].https://baijiahao.baidu.com/s? id=1670164100532845655&wfr=spider&for=pc.

② 佚名.中国历年人均 GNP 数据[EB/OL].(2018-05-22)[2019-02-28].http://www.kuaiyilicai.com/stats/global/yearly_per_country/g_gnp_per_capita/chn.html.

2020 年初开始,受到新冠疫情影响,旅游业尤其是国际旅游业受到了前所未有的重创,旅游消费断崖式下跌。但是随着疫情防控工作取得巨大进展,国内疫情形势逐渐趋于平稳,从 2021 年开始,国内旅游业逐渐回暖。国内旅游抽样调查统计结果显示,2021 年国内旅游总人次 32.46 亿,比上年同期增加 3.67 亿,增长 12.7%(2019 年为 54.0%);国内旅游收入(旅游总消费)2.92 万亿元,比上年同期增加 0.69 万亿元,增长 30.9%(2019 年为 51.0%)。[①] 根据联合国世界旅游组织数据,2023 年国际游客总数达到 13 亿,比 2022 年增长 33%,几乎是疫情前水平的 90%。2023 年,国际旅游收入达到 1.4 万亿美元,约占 2019 年旅游目的地收入 1.5 万亿美元的 93%。

(二)激烈的竞争环境和旅游业自身特点是旅游供应链产生的必然要求

消费升级、顾客需求层次提高、多样化趋势明显,加上企业之间竞争的加剧,全球政治、经济、科技和社会文化的巨大变革,这些都要求企业不断根据环境的变化做出快速反应,以应对市场竞争并满足顾客需求。传统的经营模式和"一体化"的发展策略已明显不能满足现代企业发展的要求,"供应链"的概念便在这样的背景下应运而生。"供应链"的概念最早出现于 20 世纪 80 年代,经过多年在理论和实践领域的发展,供应链已经成为众多企业在新型的竞争环境中采用的新型经营模式。正如供应链管理专家 Martin Christopher(1996)所

---

① 佚名. 文旅部:2021 年国内旅游人次 32.46 亿人,旅游总收入 2.92 万亿元[EB/OL].(2022-01-26)[2022-07-08]. https://baijiahao.baidu.com/s? id=17230020476290020 76&wfr=spider&for=pc.

说："在新的世纪，企业之间的竞争将会逐渐转化为供应链之间的竞争。"所谓供应链竞争，即以供应链整体收益最大化为目标，通过供应链上节点企业之间的相互配合和协调，共同参与市场竞争，从而形成整体竞争力。

旅游业和制造业以及零售业一样，也面临着同样的发展困境，但也存在着一定的特殊性，其产品具有整体性、复杂性和综合性的特点，一个完整的旅游产品都应包含"六要素"，即：食、住、行、游、购、娱。在激烈的市场竞争环境下，没有任何一个企业能够单独提供完整且优质的旅游产品（服务）。更多的旅游企业倾向于专注自己的核心优势领域，而将自己不具备优势的领域外包给其他企业完成。这就必然要求旅游企业之间相互合作，以高质量地满足旅游者的全部需求为目的，共同提供旅游产品和服务，因此，供应链的理论和方法同样适用于旅游业的具体实践。旅游供应链的研究比制造业和零售业供应链研究起步要晚，然而，与后两者相比，旅游供应链要复杂得多，主要表现为两个方面：一是旅游产品复杂。与制造业和零售业的产品相比，旅游业的产品往往是一种有形的产品与无形的服务相复合、多个供应商共同作用的产物，且这种产品的提供还伴随着时间的推移和空间的转移。二是旅游供应链上成员间关系复杂。主要表现为旅游供应链的核心企业地位并不突出，各节点企业的盈利能力、资源、效率等实力相当，且企业管理层过多关注自身的眼前利益，使得旅游供应链节点企业间合作关系混乱，机会主义肆虐。因此，要使得已经形成的旅游供应链朝着健康的方向发展，充分发挥"1+1＞2"的效应和竞争优势，还需要有完善的旅游供应链理论体系作为指导。

(三)供应链协同是旅游供应链发展的新趋势

随着供应链管理多年来在理论和实践中的不断发展和应用,旅游业中对供应链理念和方法的实践也有了快速的发展。旅游业中,旅游线路作为贯穿各个有形旅游空间和无形旅游服务之间的线索,为旅游供应链的形成奠定了良好的基础。大部分的旅游供应链都是以旅游线路作为基础的组织形式而形成旅游企业之间合作的网链结构。基于前期较好的合作基础,供应链上的旅游企业参与供应链合作并与其他合作伙伴共同参与市场竞争的意愿更加强烈。因此,旅游企业之间的竞争也随之演化成了供应链之间的竞争。在供应链的竞争模式下,企业之间良好的合作模式能获得单个企业无法企及的协同效果和竞争优势;而低效的合作关系反而容易将某些局部问题蔓延成整个供应链的连锁问题,波及其他合作伙伴,甚至影响游客满意度。供应链协同管理已经成为供应链管理研究的核心内容,也是旅游供应链实践中企业之间实现无缝衔接、共同创造竞争优势的有效手段。

关于旅游供应链协同的研究最早出现于 21 世纪初期,它强调旅游供应链中各节点企业以共享信息和资源、合作预测和决策、分担风险和未知的方式一起运营,并在旅游产品的生产和销售,以及游客服务等方面实现协同运作,以降低旅游供应链成本,提高旅游供应链效率,从而获得单个企业无法企及的整体运营效果,形成可持续的竞争优势。然而,如图 1.1 所示,目前我国的旅游供应链上普遍存在的是复杂的多层"委托-代理"关系。这种关系使得企业过分追求眼前利益,"机会主义"增多和"道德风险"增高,不利于供应链实现协同。关于供应链协同问题的理论和实践研究在制造业和零售业都已取得了丰硕的成果,例如以 DELL、丰田、沃尔玛、Seven-Eleven 等知名企业为核心而实现的供应链协同都是最好的例证,而关于旅游供应链协同问题的研究成果却是寥寥无几。因此,为了更好地适应旅游业中面临的经济发展、需求变化和产业升级等趋势,首先需要对旅游供应链协同管理的理论体系进行不断丰富和完善,才能更好地在实践中指导旅游供应链获得长期的竞争优势。本书综合运用系统论、供应链管理、协同学、旅游管理、社会网络等学科理论和研究方法对旅游供应链协同问题进行分析,从微观层面将各主体之间的关系特征纳入旅游供应链协同行为成因机制的分析中,使旅游供应链的理论体系和研究框架得到丰富和拓展,为国际旅游合作过程中企业内部、企业间、供应链等层面上存在的各种问题提供新的观察视角和解决思路。

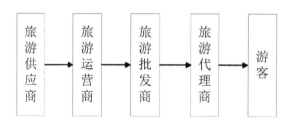

图 1.1　简化的旅游供应链多层代理模型

(四)国际旅游供应链协同是"一带一路"背景下旅游发展的新方向

国际旅游供应链协同理论体系,是从旅游业角度对新时期"对外开放"理念内涵的深入理解和阐释,也是对习近平新时代中国特色社会主义思想精髓的补充和完善。在"一带一路"背景下构建国际旅游供应链协同理论体系框架,对新时期区域协同、改革创新等实践具有理论指导作用。2013 年 9 月和 10 月，习近平主席在出访中亚和东南亚国家时，提出共建"丝绸之路经济带"和"21 世纪海上丝绸之路"（"一带一路"）的倡议；2015 年 3 月，国家发展改革委、外交部、商务部联合发布了《推动共建丝绸之路经济带和 21 世纪海上丝绸之路的愿景与行动》。2017 年 5 月，"一带一路"国际合作高峰论坛在北京举行。2018 年，在推进"一带一路"建设工作 5 周年座谈会上，习近平主席为共建"一带一路"下一步工作定下了总基调：推动共建"一带一路"向高质量发展转变。截至 2018 年底，与中国签署共建"一带一路"合作文件的国家超过 60 个，遍布亚洲、非洲、大洋洲、拉丁美洲，中国已累计同 122 个国家、29 个国际组织签署了 170 份政府间合作文件。[①] "一带一路"区域合作由此进入一个新的格局，而在实现"一带一路"倡议过程中，发展旅游合作具有先导作用，是民心相通、文化共融、价值共建的重要组成部分。旅游业是"一带一路"建设的战略性先导产业，具有强大的动力产业功能和广泛的联动效应。

以越南为例，中国和越南两国山水相依，政治、经贸、文化等方面的合作历史悠久。在经贸合作方面，中越两国同属"一带一路"建设中的重要国家，两国的经贸合作历史渊源深厚。2018 年中越双边贸易额达到 1 067.06 亿美元，同比增长 12.71%。[②] 在旅游合作方面，旅游业是两国经济合作的重要组成部分，中越两国旅游企业之间的合作开始于 1992 年广西壮族自治区首先开展的中越边境旅游，至今已有超过 30 年的历史。2017 年中越双方签署《中华人民共和国国家旅游局和越南社会主义共和国文化体育旅游部 2017—2019 年旅游合作计划》，两国在

---

① 刘梦.2018"一带一路"大事记：共建"一带一路"发生了这些重大变化[EB/OL].(2019-01-09)[2019-03-01].https://www.yidaiyilu.gov.cn/p/76800.html.

② 佚名.中越 2018 年双边贸易额突破 1 000 亿美元大关[EB/OL].(2019-01-21)[2019-02-28]. https://www.sohu.com/a/290389126_118392.

旅游信息交换、宣传推广、市场秩序等方面开展了更多合作。中越两国的文化习俗相似性高,且前往越南旅游的交通便利,中国持续多年一直是越南旅游最大的客源地。因此,对中越两国之间的旅游问题展开研究,具有一定的典型性。同属"一带一路"建设中的重要国家,2018年中国赴越南的游客约500万人次,占越南国际游客接待量的三分之一;2017年越南公民访华达655万人次(含边民),同比增长106.6%。[①] 然而,一方面,"一带一路"倡议的提出有利于国际旅游环境的构建和旅游目的地可进入性的提升;另一方面,由于信息不对称、文化差异大、利益分配不均等问题,企业间的合作存在供应能力与游客需求不匹配、机会主义增多和道德风险高、投诉反馈渠道不畅等状况,导致骗赌、骗购、导游及领队私拿回扣、服务标准私自降级等现象频出。因此,以中越国际旅游为例,创新性地从供应链的角度构建国际旅游供应链企业间协同理论框架对于我国在"一带一路"背景下实现区域协同发展、构建对外开放新格局具有重要而深远的意义。同时,深入探讨国际旅游合作问题,为推进沿边地区的经济增长、和平稳定、共同发展有现实指导意义。

(五)国际旅游供应链要实现协同所面临的问题

我国的国际旅游合作是从改革开放政策实施之后才逐渐开始建立的,这与两国之间的外交政策、经济合作等有着密切的联系。改革开放以来的40多年,也是中外国际旅游合作发展的40多年。随着旅游业竞争的日趋激烈和游客消费需求的日益多样化,各个旅游企业之间原

---

① 赵青. 2018 年越南旅游收入增两成 中国仍是最大游客来源国[EB/OL].(2019/01/12)[2019/02/28]. https://news.hangzhou.com.cn/jjxw/content/2019-01-12/content_7131755.htm.

先的"合作"或"协作"类型的伙伴关系已然不能满足现代旅游业发展的需要,在实践中暴露出来的问题随着信息透明度的提高和游客数量的增加显得愈发明显,主要表现在如下几个方面。

1.供应能力与游客需求不匹配

旅游业是一个淡、旺季区别明显的行业,淡季时供大于求,表现为各个企业旅游资源不同程度的闲置和浪费;而到了旺季又表现出供不应求的状况,多地发生的游客滞留机场、景区,露宿街头等现象都是由旅游供应链的供需不平衡导致的。另外,由于存在淡、旺季的区别,旅游行业内的各类价格波动较大,带来了企业机会主义行为的增加和道德风险的升高。某些旅游城市淡季和旺季的酒店价格悬殊,价差甚至达到5倍以上,高利的诱惑使得酒店违约和悖逆道德的概率明显增加,不仅导致相关企业利益受损,也使得企业间信任关系破裂。因此,旅游业中迫切需要借助制造业和零售业供应链管理的理念和方法,促进供应链内部的供需平衡,保持供应链的健康发展。

2."五流"不畅

受到语言文字、技术水平、货币汇率、外交政策等外部因素的影响,国际旅游供应链中的5个跨企业的流程(即"五流":客流、市场流、管理流、信息流和资金流)不同程度地受到阻碍和限制,使得整条旅游供应链运作的顺畅程度受到影响。例如,两国的旅游企业在合作的过程中,仍然以传统的电话、邮件、即时通信工具等为主,沟通效率不高,且由于受到工作人员外语水平的限制,工作中的信息延迟、信息误传等现象屡见不鲜,由此导致的旅游事故和游客投诉也比比皆是。再如,由于受到两国货币汇率变动以及结算货币选择问题的影响,合作双方中的一方蒙受经济损失的现象也时有发生。而"协同"理念中的"协调一致、成败共荣"的思想则强调信息的实时共享、风险的共同承担和利益的共同分享。因此,实现旅游供应链的协同,是在一定程度上缓解国际旅游合作特殊问题的有效途径。

3.核心企业地位不明晰

现有的大部分研究认为,旅行社应当成为旅游供应链中的核心企业。但是这种"核心地位"并不是由其实力、影响力和融合力决定的,而更多取决于其在供应链中所处的位置和所掌握的资源。这就造成了核心企业在旅游供应链管理过程中实施影响和控制职能的时候效果大打折扣。例如,对于酒店等级的评价,各个国家的评价标准存在较大的差别;对于导游的管理和要求,各国旅行社的标准也大不相同等。这就容易导致游客因出游前的预期与实际体验不符而产生不满情绪。同时,游客在旅游过程中的不满和问题也很难通过核心企业的影响力得到解决,从而影响了整条供应链的服务质量和整体评价。因此,通过对国际旅游供应链节点企业的网络结构位置的分析,确定供应链的核心企业,对于核心企业职能的发挥和整条供应链的服务质量控制都大有益处。

近年来,针对以上这些问题,很多旅游企业都纷纷开始调整战略,试图通过实现协同来增强竞争优势。然而,投入巨大却收效甚微。究其原因,可归结如下。

①现有旅游供应链的研究大多简单照搬制造业和零售业供应链研究的成果,忽略了旅游供应链自身的特性,其结果很难被应用到旅游业的实践中。

②当前对于旅游供应链协同的实践应用和理论研究,大多是从整条供应链的角度出发,从宏观的层面探讨有效的协同机制的建立或者

先进的协同技术的应用等问题,而以供应链的单个主体作为研究对象的成果较为少见,忽略了供应链各主体的主观意愿和行为倾向以及各主体间的关系对旅游供应链协同的影响作用。

③现有文献的研究范围大多局限于国内某一特定区域,而运用供应链的思维方式对国际旅游合作问题进行探讨的文献很少。

由此可见,现有的旅游供应链协同理论已不能完全满足旅游供应链协同发展的需要和市场环境的变化,必须以更加细致和微观的方式对旅游供应链协同问题加以研究,才能更加全面地把握旅游供应链协同的机理和成因机制,从而有效地指导国际旅游合作的实践。

二、国际旅游供应链结构和协同行为研究的内容

(一)研究内容

本书的研究对象是国际旅游供应链。在假定其他组织环境和外界条件不变的前提下,借助制造业和零售业供应链管理研究的思路和方法,从社会网络的视角出发,对国际旅游供应链运作机理和网络结构进行分析,探讨影响国际旅游供应链主体协同行为的因素,并构建国际旅游供应链协同行为成因机制理论体系框架。对旅游供应链系统所处的其他环境,如法律、政治和市场等因素暂不予以研究。

本书的总体研究框架如图1.2所示,分为现状分析、理论和文献研究、结构和行为研究以及策略研究四个部分。其中"结构和行为研究"

是本书的主体部分,其中又细分为"网络"和"个体"两个层次的研究:网络层次的研究主要探讨供应链结构和节点企业网络结构位置;个体层次的研究则进行节点企业协同行为的成因分析。

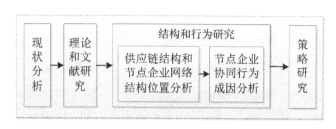

图 1.2　总体研究框架

根据研究框架,本书的研究内容包含如下。

1.现状分析:国际旅游供应链系统的现状、问题和运行环境等

在梳理国内外相关理论和研究成果的基础上,通过对学者、游客、政府官员、旅游企业负责人等进行深度访谈和资料分析的方式,多维度概括国际旅游供应链系统的外部环境,总结理论研究和实践操作方面的现状以及存在的不足,进而提出本书主要解决的问题。

2.理论和文献研究:相关理论和文献的概括和评论等

首先,对与本书研究相关的理论进行概括和总结,包括旅游供应链管理理论、协同理论和行为理论等。同时对与国际旅游供应链协同相关的国内外研究进展和研究现状进行梳理和评述,包括:旅游供应链的相关研究、旅游供应链结构的相关研究、旅游供应链协同的相关研究、国际旅游供应链的相关研究、社会网络分析方法的相关研究等。

3.网络结构分析：国际旅游供应链网络结构和节点企业网络结构位置分析

根据旅游供应链中节点企业间松散、动态、多重和复杂的关系特征，本书构建了国际旅游供应链网络结构模型，将国际旅游供应链网络看作一个整体社会网络，运用社会网络分析（social network analysis，SNA）方法，对国际旅游供应链的网络结构进行分析，探讨节点企业的网络结构位置及其中心性，从而对国际旅游供应链的核心企业进行确定，构建节点企业的网络结构位置与企业所持的协同态度之间关系的回归模型。

4.协同行为成因分析：国际旅游供应链节点企业协同行为成因机制分析

通过构建结构方程模型（structural equation modeling，SEM）的方法，对国际旅游供应链节点协同行为的成因机制进行分析，探讨节点企业的网络结构位置、协同态度和协同意向等对协同行为的影响作用，以及协同态度和协同意向在网络结构位置和协同行为之间的中介作用。

5.策略研究：促进国际旅游供应链节点企业协同行为产生的对策建议

基于本书研究的结论和旅游业实践操作中的现状，针对国际旅游合作中的政府、供应链和企业等不同的层面，围绕政策、企业、市场和游客等不同的维度进一步探讨国际旅游供应链中节点企业协同行为的生成路径及国际旅游供应链协同发展的方法和策略，并提出适宜性强、普适性广且可操作的对策建议。

(二)研究的重点和难点

1.研究重点

(1)国际旅游供应链主体协同行为的成因分析

对国际旅游供应链中影响各主体协同行为产生的因素进行分析，构建国际旅游供应链主体协同行为成因模型。这既是深入理解旅游供应链协同本质的关键，也是"一带一路"背景下实现"区域协同"的理论基础。

(2)国际旅游供应链的网络结构分析

本书从社会网络的视角出发，探讨国际旅游供应链的网络特征和该供应链中各个主体的网络结构位置对其协同行为的影响作用。对国际旅游供应链的网络结构的准确把握和分析，既是后续研究的基础，也是本书研究的一个重点。

2.研究难点

本研究工作的难点主要集中在抽样和数据获取两个方面：

(1)整群抽样

由于社会网络分析的特殊性，本研究需要进行整群抽样；同时鉴于旅游业的业态特征，抽样时还需兼顾旅游线路、供应链结构以及游客偏好等问题，需要在充分调研并结合前期理论研究的基础上才能进行。

(2)数据获取

根据整体设计，本书的研究在数据获取方面存在的困难表现在如下三个方面：其一，本书以中越旅游供应链为例，部分数据需要从越南的相关企业和机构获取,沟通中存在一定的语言障碍;其二,由于社会网络分析方法的特殊性,一个封闭网络中的数据获取率必须高于80%,该组数据才被视为有效;其三,需要调研的企业在空间分布上较广,需要耗费大量的财力、物力和人力。

三、国际旅游供应链结构和协同行为研究的思路和方法

(一)国际旅游供应链结构和协同行为研究的思路

本书遵循提出问题、分析问题和解决问题的思路对研究内容进行安排,力求从多元的视角对国际旅游供应链的系统特征、运行机理、网络结构及供应链主体协同行为成因机制进行理论和实证研究,并探索和构建国际旅游供应链协同机制和策略。具体的章节安排、拟解决的问题、研究内容和研究方法等如图1.3所示。

(二)国际旅游供应链结构和协同行为研究的方法

1.规范研究与实证研究相结合

拟采用系统论(systems theory)的理论和方法对旅游供应链系统及其子系统展开研究,并对各子系统之间的关系和运行机理进行分析;采用协同学(synergetics)的理论和方法对旅游供应链系统的耗散结

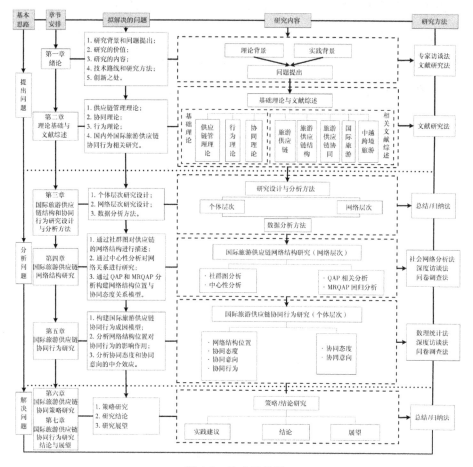

图 1.3　技术路线图

构、自组织特性进行分析；采用供应链管理理论（theory of supply chain management）对国际旅游供应链企业合作中的整体特征和节点企业间的关系进行分析。

2.社会网络分析法

社会网络分析（SNA）是对社会关系结构及其属性加以分析的一套规范和方法，在本书中的运用如下。

（1）社群图分析

运用图论的方式对国际旅游供应链网络的各个节点企业在网络中所处的位置以及相互之间关系进行描述的一种方法。

（2）中心性分析

用来测量各个节点企业在国际旅游供应链网络中所处的网络结构位置的方法。

（3）QAP 相关分析和 MRQAP 回归分析

在国际旅游供应链网络层次分析中对各个网络关系矩阵的相关性和相互影响作用进行描述的方法。

3.实地调查与定量分析法

通过访谈、资料分析、问卷调查等方式对中国云南省昆明市、大理白族自治州和丽江市，越南河内市、芽庄市、下龙湾市和老街市等地的相关政府机构、旅游企业以及游客展开实地调查。采用 SPSS、AMOS、UCINET 等软件对所收集的数据进行定量分析，同时构建国际旅游供应链主体协同行为成因模型。

四、本书的创新之处

（一）将协同学原理和供应链管理理论综合用以分析国际旅游合作问题

本书运用协同学基本原理，将旅游供应链节点企业作为自组织过程的行为主体,从供应链协同的视角探讨国际旅游的合作问题。在对国际旅游供应链系统的网络结构特点进行分析的基础上,揭示国际旅游供应链协同行为成因机理。运用供应链研究的视角和方法去发现和解决国际旅游业发展过程中的问题,既是旅游管理理论的创新,也是贯彻落实 2017 年 10 月国务院办公厅印发的《关于积极推进供应链创新与应用的指导意见》(国办发〔2017〕84 号)和云南省政府 2018 年 8 月印发的《云南省人民政府办公厅关于积极推进供应链创新与应用的实施意见》(云政办发〔2018〕67 号)中提出的"通过供应链的方式解决产业发展问题"的思想精髓的实践创新。

(二)在旅游供应链的研究中引入社会网络分析方法

在以往的供应链研究中,学者们更多的是对供应链整体及节点企业的属性特征展开研究。而由供应链的结构特征和属性可知,社会网络分析的方法可以更好地揭示供应链网络的运行规律和属性。因此,本书运用社会网络分析中的社群图、中心性分析、二次指派程序(quadratic assignment procedure,QAP)相关分析和多元回归二次指派程序(multiple regression quadratic assignment procedure,MRQAP)回归分析等方法对国际旅游供应链网络中节点企业的网络结构位置及相互之间的关系进行分析,对节点企业的协同行为成因机制进行探讨。从供应链的角度来看,国际旅游供应链就是一种显著的网链式结构,运用传统的分析方法很难从整体上对其进行全面的把握和分析,因此,运用社会网络分析的方法既是旅游供应链研究在方法上的一种创新,同时也是对网链结构供应链研究的新尝试。

(三)研究视角具有跨层次性

本书分别从网络层次和个体层次两个维度对国际旅游供应链中的关系和行为展开跨层次的研究。与常规的供应链研究中从单一层次入手进行的研究相比,这种做法更加符合供应链研究的实际。网络层次的分析包括社群图分析和中心性分析,有利于对国际旅游供应链中节点企业之间的结构位置和关系进行整体把握;个体层次的分析则着重于国际旅游供应链中节点企业的协同行为研究,探析节点企业在供应链网络中所处的位置对其协同态度和意向的影响作用。两个层次的研究内容虽然相对独立,但实质上是相互支持和互补的关系。

第二章　理论基础与文献综述

一、国际旅游供应链研究理论基础

(一)旅游供应链管理理论

1.旅游供应链概念的形成

20世纪后期,伴随着科学技术更新迭代的速度不断提高和生产力的发展不断进步,以及消费者的消费升级,企业面临的来自社会、消费者、竞争对手以及全球化的压力也不断增大。传统的以"纵向一体化"(vertical integration)为主导的生产经营方式已无法完全适应快速变化和激烈竞争的市场,因此很多企业开始探索更为先进的制造技术和管理方法,如精益制造(LP)、全面质量管理(TQM)、准时制生产(JIT)、看板(Kanban)等。然而,进入20世纪90年代以后,人们逐渐发现单纯地从企业内部进行资源优化已不能完全适应日趋激烈的竞争需要,外部资源的充分整合与利用，以及与合作伙伴之间优势互补的实现，才能帮助企业真正缩短响应时间，获得竞争优势。于是"横向一体化"（horizontal integration）的思想开始在美国悄然兴起，并给美国和日本的诸多企业带来了竞争优势。"横向一体化"通过一条"链"围绕同一产品，将包括供应商、制造商、分销商和零售商在内的所有企业按照需求与供应关系的先后顺序依次串联起来，便形成了供应链的雏形。根据"横向一体化"的思想，为了能创造整条供应链的盈余并使链上的所有企业都能受益，所有的节点企业都要做到同步管理、协调运行和信息共享，于是供应链管理这一新的经营与运作模式也就应运而生了。供应链管理（supply chain management，SCM）强调的是基于互联网平台的信息开放、共享和集成的技术，并通过供应链的组织和协调职能，各个供应链节点企业将自己的资源和能力聚焦于最擅长的核心业务，而将其余业务委托给其他更具优势的供应链伙伴，从而形成更加强大的竞争力（马士华 等，2016）。

在市场经济飞速发展的同时，旅游市场的需求也由大众旅游时代大规模、标准化的方式逐渐向个性化、定制化的方向转变。原有的通过对提供食、宿、行、游、购、娱等要素的企业实施"一体化"来保障供应的发展模式使得旅游企业机构臃肿、信息传递滞后，对市场需求反应迟缓，已经陷入了一种发展无力的困局。因此，旅游企业对组织结构进行重构，以提高效率和市场应变能力已经迫在眉睫。其中一个重要的变革方向就是沿供应链方向重新调整组织的内外结构，以增强整个供应链的竞争力。同时，旅游产品具有整体性、复杂性和综合性的特点，一个完整的旅游产品都应包含"六要素"，即：食、住、行、游、购、娱。在激烈的市场竞争环境下，没有任何一个企业能够单独提供完整且优质的旅游产品。更多的旅游企业倾向于专注自己的核心优势领域，而将自己不具备优势的领域外包给其他企业完成。这就必然要求旅游企业之间相互合作，以高质量满足旅游者的全部需求为目的，共同提供旅游产品和服务，因此，供应链的理论和方法同样适用于旅游业的具体实践。于是，20世纪90年代以后，基于制造业和零售业供应链的理论基础，并结合旅游行业的特殊性，学者们开始从不同的角度对旅游供应链展开了研究，获得了许多理论的成果，也为后续旅游供应链管理的实践提供了宝贵的指导意见和支持。

2.旅游供应链的驱动因素

驱动力是促使供应链运行和实施的内在动力源泉。按照驱动力的不同，供应链的流程可以分为"推动型"、"拉动型"和"推-拉型"三种。"推动型"供应链是由生产商对顾客的预期订单驱动；"拉动型"供应链是由顾客的需求驱动；而"推-拉型"供应链的驱动力则来自供应链的核心企业和顾客的双重推力（颜娟，2011）。驱动因素是供应链驱动力的构成部件，所有的驱动因素组合起来、相互作用，便形成了供应链的驱动力。了解供应链的驱动因素能够更好地对供应链的动力机制和发生根源进行了解。马士华（2010）结合制造业和零售业的特点指出供应链运行的驱动力是用户需求和利润需求。然而，旅游供应链与制造业和零售业的供应链相比虽然本质、目的和原则并无太大的区别，但在构成、结构、模型和运行机制上仍有较大的区别。所以，基于制造业和零售业供应链的相关理论基础，学者们针对旅游供应链运作的驱动因素进行了许多探索，主要存在"单轮说"、"双轮说"和"多轮说"三种观点。"单轮说"，即认为旅游供应链的驱动因素只存在一个方面，其中徐虹（2009）、张聿超（2013）、吴良勇（2012）、陶春峰（2015）将旅游供应链的主要驱动力归结为游客的需求。左小明（2011）、邓小娟和于正松

(2014)认为旅游吸引物是旅游供应链运行的源动力。"双轮说"认为旅游供应链的驱动因素存在两个方面,其中徐虹、周晓丽(2009)认为需求变化和技术进步双轮驱动的多样化供应链链接方式将成为主要的旅游供应链运作方式。李岚(2014)指出旅游服务供应链的驱动因素是旅游消费者对旅游服务提供商服务质量的满意度和景区两个方面。"多轮说"认为旅游供应链的驱动因素存在两个以上的方面,其中 Zhang(2010)提出旅游供应链驱动因素为游客满意度、旅游可持续发展、货币价值、需求不确定性和库存降低等。郭海玲等(2011)指出了经济价值、环境价值和客户价值的共同驱动作用。胡康华(2016)在对不同的旅游供应链的特点进行分析时指出,传统的旅游供应链的驱动因素为利润最大化,在线旅游供应链的驱动因素为高性价比,而云计算背景下的新型旅游供应链的驱动因素为高度满足个性化需求。另外,旅游供应链的价值还在于旅游目的地资源的保护及旅游业的可持续发展。因此,有关资源保护、绿色旅游和可持续发展等方面的驱动因素还将逐渐成为研究的重点。

(二)协同理论

1.协同学和协同管理理论

20 世纪 70 年代联邦德国斯图加特大学教授哈肯(Haken)等人在对激光的非平衡相变现象进行研究的过程中发现各种各样类型的相变所遵守的方程都是类似的,于是大胆提出了假设:"不同系统中的子系统在合作并自行组织起来的过程中所遵循的规律都是类似的。"这就是哈肯在协同学创立初期常常提到的"普遍现象"。虽然各种类型系统的子系统(比如物理、化学中的原子或分子,生物系统中的细胞,生态系统中的人等)存在着巨大的差异,但是它们之间通过合作而使系统产生相变的规律则是相同的,哈肯由此得出了相变规律与子系统无关的重要结论,也由此开始了协同学的探索之旅。最初这种理论只被应用于解释激光等物理学方面的现象和性质,后来被广泛应用到了生物学、社会学、计算机科学、系统科学和经济学等领域的研究中,并且得到了许多其他领域的新发现的支持,进而发展成一门新兴的学科。

安索夫(1965)第一次将协同的理念引入管理学后,伴随着企业多元化发展的需要,许多学者将协同学的思想和方法运用到了管理研究的各个方面,使得协同学与管理学的研究实现了融合发展,诞生出了协同管理的新理念和新方法。如日本战略学家伊丹广之指出,企业管理中应同时关注"互补效应"和"协同效应"这两个方面,这样有利于提高各部门之间的合作能力。这里的协同效应包括管理协同效应和运营协同效应两个方面。韦斯顿(1998)将协同理论运用到了企业兼并的研究中,他认为企业兼并是一种通过协同效应对工作效率的改进,对整个社会是有益的。著名的管理学家迈克尔·波特认为,企业内部各项业务活动之间的关联即一种协同,而很多情况下这种协同能给企业带来竞争和战略上的优势,企业应当利用价值链管理的方式提高协同的水平和能力。

由此可见,协同管理是把企业或跨企业的组织视为一个系统,将协同学的基本思想和方法应用到管理的实践当中,对管理对象的协同特征、机制和规律加以研究的一种理论体系。要实现协同管理,特别是跨企业合作时,常常需要通信、计算机、互联网等方面技术的支持,只有这样才有助于在同一系统的企业间建立长期的协同关系。通过协同管理合作平台,企业间可以共享业务流程和作业程序的所有数据,共同进行新产品、市场和服务开发的决策等,这种深入的合作方式几乎涵盖了企业管理职能的各个方面。如果从供应链的角度对协同管理加以诠释,主要体现在对供应链组成主体间的战略决策、组织构成、交流沟通和管理控制等各个相对独立的子系统进行协同,加强它们之间的横向合作,实现它们之间的资源优化配置,进而通过协同效应产生一个在结构和功能等方面都优于原有系统的、更具有竞争优势和生命力的全新组织系统。中国信息化推进联盟委员会主席陈拂晓指出,协同本身是一个管理创新的结果,一方面,管理创新可以推动系统中各主体间的协同;同时,协同效应的产生又能促进管理创新向不同的广度和深度进一步延伸。因此,旅游供应链系统协同机制的建立,不仅能为系统中各主体间长期、良性的合作提供有利的条件,也能为旅游企业实现管理创新创造良好的技术环境。

2.协同学的基本原理

根据哈肯的协同学思想,协同的基本原理可概括为三个:不稳定性原理、序参量原理和役使原理。这三个原理相互连接和影响,进而使系统产生协同效应。在系统的旧结构向新结构转换的相变过程中,不稳定性起到了重要的媒介作用,决定这种变化过程的关键因素就是序参量,而这些决定系统宏观行为的序参量又导致了役使原理的产生。

（1）不稳定性原理

协同学以探究系统结构从"混乱"和"无序"状态向"有序"和"稳定"状态演化的规律为出发点,力求从系统非平衡相变的机制中反映自然界和社会不断发展与演化的机制。根据协同学的观点,系统中的有序化演化过程均是始于系统的不稳定性。同时,在新旧结构更迭、系统从无序变为有序的过程中,不稳定性也起到了媒介的作用,可以说协同学就是围绕不稳定性展开研究的科学。

（2）序参量原理

在系统相变过程中影响系统从无序到有序发展演化的关键因素即为序参量，它们是用来描述系统宏观有序程度并指示系统新结构形成的参量。物理学家们认为，可以将系统在相变点附近的所有内部变量分为慢弛豫变量和快弛豫变量两种。慢弛豫变量是这两种变量中决定系统相变进程的最终决定性因素，也称为系统的序参量。快弛豫变量与慢弛豫变量相比，数目较多且衰减速度较快；而序参量作为慢弛豫变量，其数量相对较少，衰减速度也较慢，对快弛豫变量起支配作用，在系统的结构和功能的变化中起主导作用。

序参量原理主要是通过协同相变理论中的序参量来替代耗散结构理论中的"熵"的概念，定量化地描述和判别有序结构的不同类型和程度，并对自组织问题加以刻画和处理。在哈肯的协同理论中，相变指系统在序参量的作用下，在有序和无序这两种状态中循环转变的动态过程。序参量决定着系统相变的规律与特征，系统从无序状态走向有序状态，或者从有序状态走向新的有序都必须依靠序参量之间的相互作用。序参量除了在系统中相互作用外还容易受到外界环境的影响，系统外界很小的环境变化都有可能产生全新的序参量或序参量系统。而当系统的动态变化达到一个临界点时，序参量也会相应地朝着最大化的方向增长，系统在序参量达到最大值时就会自发地偏离某一种平衡点，并出现一种全新的、宏观上有序的组织结构，这种现象被称为涨落。系统中的局域性涨落在序参量的引导下会通过非线性反馈作用被放大，进而对原系统的行为产生支配作用。因此，涨落可以被用来判别系统是否产生创新转换，即可以作为系统是否达到有序和高级有序的判别依据。

系统中的序参量有时候不仅仅是一个,而会形成多个序参量协同的系统,在这种情况下,序参量之间会表现出多种多样的相互关系。哈肯指出,在特定的时间段内,系统中的某个特定序参量会占据主导地位,对其他序参量的运动起到支配作用。但是主要序参量的主导地位并不是永久不变的,而会随着环境条件的变化完全没有规律地发生改变,当以前的主要序参量失去其主导地位,其他的序参量便会取而代之。因此可以说,序参量之间也存在着"协同-竞争"关系。这种"协同-竞争"关系可分为三种情况:①序参量之间互不相干、各自运行;②一个序参量占主导地位,而其他序参量被其支配;③序参量之间通过契约联结,协商运行机制。现实的经济活动中以第二种和第三种"协同-竞争"的互补形式最常见。以供应链协同为例,这种形式可以理解为:在供应链系统中,通常有一个核心企业在供应链的整体运行中起主导作用,对其他节点企业的运行起支配作用。但这种支配是有条件的,是通过协商和约定,基于契约和信任,并以供应链整体利益提升为前提的。

(3)役使原理

役使原理又称为支配原理,是协调论的基本原理之一,在协同学中起核心作用。它是通过系统内部稳定因素和不稳定因素间的相互作用来描述系统的自组织过程的原理。役使原理的基本思想包含三方面的内容:①事物的特性通常由多个因素相互作用而生成,但所有因素中起支配作用的只有一个或极少数几个;②在系统运动中,非主要因素的属性常常因为主要因素的支配作用而丧失,最终以主要因素的属性作为自己的新属性;③系统中的变量在不稳定点上可以划分为稳定和不稳定两种,当系统的控制参量适当改变时,系统可能成为线性不稳定。此时应用役使原理消去快变量,使得自由度的数目大量下降,留下来的变量即决定系统宏观行为的序参量,这些序参量的运动又带来了系统的结构演化。

3.旅游供应链系统的复杂适应性

(1)旅游供应链系统的特征

旅游供应链管理理念的产生,是经济发展和竞争加剧共同作用的结果,同时也是供应链管理思想在旅游业中实践产生的一种新型的管理模式,不论在理论界还是实践中都越来越受到重视。由系统论的观点可知,系统中的各个主体及其相互之间对立统一的关系共同构成了系统网络。旅游供应链系统实质上属于管理系统的范畴,其目的是运用系统论方法,通过计划、协调、共享、反馈、分担等活动,在旅游供应链的各个节点企业之间建立联结,实现旅游供应链的整体功能,形成整体效果,并追求供应链的整体利益最大化。旅游供应链系统是一个由来自"食、住、行、游、购、娱"等不同业态的子系统和元素共同构成的复杂系统,供应链中各个主体的发展以及各主体之间的关系对整个系统的稳定发展都至关重要,需要同时对各个方面进行协同计划、组织、协调及控制,才能最终发挥旅游供应链的整体竞争优势。虽然现代信息技术的发展为旅游供应链管理中实现各种业务和信息集成与共享提供了便利,但与制造业和零售业的"产—供—销"的供应链相比,旅游供应链中跨越的行业、企业和职能部门更多也更复杂。旅游供应链系统中的主体即各个参与旅游服务提供的企业,它们之间的关系错综复杂,既存在相互合作的联盟关系,也存在相互对立的竞争关系,这些关系的运动和变化构成了系统的结构和运行机理。因此,只有充分认识旅游供应链系统的特征,才能更好地掌握其运行机理和影响因素。本书基于协同学的观点,从旅游供应链系统的开放性、动态性、自组织性和涌现性这四个方面对其特征加以分析。

其一，旅游供应链系统的开放性。开放性是非线性系统实现演化的一个必要条件，只有具备开放性的系统最终才能通过自组织过程实现协同。在当今激烈的市场竞争环境下，任何一个企业都面临着巨大的不确定性。旅游供应链中的企业除了受到供应链内部企业之间相互作用的影响，同时也需要与供应链外界环境进行交互。旅游供应链所处的经济、社会、文化、政策、人口、资源等外界环境的变化不仅对旅游供应链整体的结构、模式、机制等产生影响，对旅游供应链中各个企业的计划、组织、领导和控制等职能也会产生制约作用。旅游供应链的改善、适应和演化的任何一个过程，都离不开与外界发生的物质、能量和信息等的交换。可以说，与外部环境的相互作用是旅游供应链系统向着更高级别的有序进行演化的驱动力。

其二，旅游供应链系统的动态性。旅游供应链系统的动态性表现在三个方面：第一，旅游产品是随着游客需求和资源占有而动态变化的。随着经济的发展和居民人均收入的提高，旅游需求也随之不断变化，旅游供应链系统和其中的节点企业需要根据游客需求的变化不断调整自己所提供的服务的类别、质量和内容；同时，由于各个企业所占有的资源的差异和变化，供应链也需要在考虑游客需求的基础上对供应链战略进行调整，以保证竞争优势和整体利益；第二，组成旅游供应链的节点企业不是一成不变的。由于旅游产品和供应链战略的调整，旅游供应链系统中的节点企业有可能面临重新选择，那些不适应供应链战略方向的企业可能被淘汰，而一些有助于供应链发展的企业又会成为新进入者；第三，旅游供应链中节点企业之间的关系是动态变化的。旅游业自身的特点决定了旅游供应链中节点企业间的关系是错综复杂的，原本合作的关系有可能由于利益的诱惑和机会主义的影响而改变,原先竞争的关系也有可能会因为追求供应链共同的利益和目标而握手言和。可见,为了具备足够的创新性和适应能力,旅游供应链系统总是随着环境的演变而不断进行着动态调整。

其三,旅游供应链系统的自组织性。自组织是指在没有外界调控和中央计划的情况下,系统自发地产生的一种自下而上的、自发地由无序到有序或者从低层次的有序向高层次的有序进行演化的行为。旅游供应链中的节点企业之间较为普遍的是合作关系,并不存在相互控制或集权,因此,旅游供应链虽然是一个联系紧密的系统,但决策权却是分布在各个节点企业当中的,它们根据其他节点企业的行为和自己对环境的判断采取最有利于自己的行动。由于缺乏明显的、可以依赖的规律和准则来进行参考,这些决策行为使得供应链面临较大的不确定性和复杂性。但各个节点企业之间表现出来的竞争、合作关系又使得整个供应链系统能够朝着一个有序的方向发展,从而形成具有一定功能的自组织结构。因此,旅游供应链系统内部是通过自组织的形式进行演化,最终实现供应链有序的。

其四,旅游供应链系统的涌现性。涌现性是旅游供应链系统最重要的特性,也是实现供应链协同的必备条件。它是指系统在整体上所具备的,而系统中单个组成部分或者各个组成部分之总和所不具备的性质。同其他任何系统一样,旅游供应链系统在组建之初会处于一个相对平衡的状态,而在随后的运行当中,为了不断适应环境的变化,其自组织行为可能会使系统远离这种平衡态而出现不稳定的现象,甚至发生突变,进而导致旅游供应链的解体或重建。从供应链的角度来看,这是系统中的各个节点企业通过竞争和协同发展的复杂互动过程,在更高的层次上集聚各个子系统的行为和价值取向,向着更加优化和更为高级的秩序进行演化的过程。

（2）旅游供应链系统的复杂适应性

借助象限图分析法（又称矩阵分析法、四象限分析法）可以对系统的复杂性和适应性进行直观和系统的分析。在这里，横坐标和纵坐标分别代表系统的复杂性和适应性，横坐标从左至右对应复杂性由低到高，纵坐标从下往上对应适应性由低到高。由此，坐标的四个象限分别代表高复杂-高适应、低复杂-高适应、低复杂-低适应、高复杂-低适应，如图 2.1 所示。

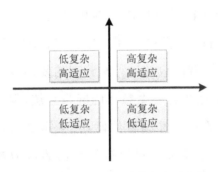

图 2.1　旅游供应链系统的复杂适应性

旅游供应链系统属于典型的"高复杂-高适应"系统，即系统的复杂性程度和适应性程度都较高。这里所说的适应性是指系统中的主体能够与系统所处的内、外部环境产生相互作用的能力。系统中的各个主体在与其他主体（系统的内部环境）或外部环境的交互中将对方较为先进的知识和经验用于改善自身结构和行为方式，从而实现整个系统的完善和进化，系统中新层次、新主体和新结构的出现都是以此为基础的。对于复杂性与适应性的关系，一般认为：复杂性决定适应性，而适应性造就复杂性。

将复杂适应系统理论运用到旅游供应链系统的分析中，我们可以将旅游供应链看作是一个集成了"食、住、行、游、购、娱"等服务提供过程中各种业态的实体企业和业务职能处理活动的复杂适应系统，涉及多个跨企业流程(包括产品流、信息流、资金流、服务流和管理流等)的多维度交互作用,以及各个供应链节点企业之间关系的动态变化。主要表现在以下几个方面:

其一,旅游供应链是由若干相对独立且分散的实体构成的网络,供应链中的节点企业可能分布在不同的区域或城市,甚至不同的国家。每个企业都通过各种物质的和非物质的形式与其他企业发生着各种直接的或间接的联系,这种联系可能是一对一、一对多或者多对一的。企业彼此之间的这种交错联系形成了链状、树状、星形、网络状等多种复合的关系形态,网络的密度也存在全联网、高密网和低密网等多种状态。这些都增加了旅游供应链运行和管理的复杂性。

其二,旅游供应链虽是一个整体的网络系统,但其中的每个企业在职权上都具有充分的自主性和自治性,各主体之间不存在绝对的主从关系或附属关系,每个企业都可以按照自己的行为规则和模式来进行决策和采取行动。由于缺乏集权和统一化,对供应链中各个相对独立的主体进行管理时,只能通过协调的方式来实现。同时,旅游供应链各主体之间的关系表现出合作与竞争同在、独立与联合并存的现象,各个企业自身的变化在受到其他供应链主体影响的同时也会引起其他主体的变化,相关主体间的动态协同作用明显。

其三,旅游供应链的产生实质上是旅游企业适应环境变化,在竞争与协同发展的过程中演化、突变的结果。因此,旅游供应链是一个开放的、与外界存在密切交互作用的系统。外界环境对供应链的复杂性的这种影响是间接的和整体性的,它通过对旅游供应链的内部要素作用于整个供应链。市场、政策、社会和自然等外界环境因素的变化,根据速度和程度的不同将引起旅游供应链内部各种要素之间的数量和质量关系在不同程度和方向上的非线性的改变,从而导致旅游供应链管理变得更为复杂。

其四,构成旅游供应链的主体都是具有自适应能力的企业,这种自适应性使得它们能够根据自身的目的积极、主动地开展各种业务活动,并按照既定的规则相互作用、相互影响。同时,这种自适应性还表现为,它们能够自主地通过学习改变自身的行为,以适应旅游供应链内、外部环境的变化,从而改善整个系统的行为。基于各个主体的这种适应性表现,整个旅游供应链系统的运行方式也具备了学习和自适应的特征,使得旅游供应链能够不断趋于优化。

(三)行为理论

1.理性行为理论

Fishbein 于 1963 年首次在其提出的"多属性态度理论"(theory of multi-attribute attitude,TMA)中指出:行为态度在决定行为意向的同时受到行为所产生的预期结果以及对结果的评估的影响。1980 年,Fishbein 和 Ajzen 在此基础上提出了"理性行为理论"(theory of reasoned action,TRA)。理性行为理论包含的 4 个前提假设分别是:行为者是完全理性的;行为者的行为决策是在充分利用有关信息的基础上做出的;行为者的行为决策是在充分衡量该行为结果的价值和成本之后做出的;行为者的行为决策是在完全自主的情况下做出的。如图 2.2 所示,理性行为理论的主要观点包括:特定主体的行为取决于该行动主体的行为意向;主体的行为意向同时由行为态度和主观规范共同决定;行为态度和主观规范分别受到行为信念和规范信念的影响。理性行为理论认为行动者都是具有理性的且受到个人意志力控制的个体,其在执行某种特定行为前都能综合考虑各种信息并对行为的结果进行判断。该理论为行为的研究提供了一个完整的理论框架,可以更好地解释和预测个体行为,对影响个体行为的因素进行分析,因此被广泛应用于行为意愿及其影响因素的研究中。理性行为理论中涉及的主要构念及其影响因素如表 2.1 所示。

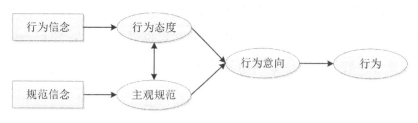

图 2.2　理性行为理论模型

资料来源:AJZEN I, FISHBEIN M, 1980. Understanding attitudes and predicting social behavior [M]. Englewood Cliffs, NJ:Prentice-Hall.

表 2.1　理性行为理论主要构念和影响因素

构念	含义	影响因素
行为态度	个体所感知到的某种特定行为会产生的结果,以及对这些结果正面或负面、有利或不利的评价	行为主体关于行为结果的信念;行为主体对结果的评价
主观规范	社会、环境和他人对主体是否实施特定行为所给予的压力、支持和引导	个体的规范性信念;个体服从规范性信念的倾向
行为意向	个体想要实施某种特定行为的主观概率;是预测实际行为最为可靠的前置因素。个体对所要实施的特定行为的意向越强,其越有可能采取实际行动	行为态度;主观规范
行为	个体在意志控制下所采取的公开的行为动作	行为意向

但理性行为理论的假设建立的基础存在一定的局限性,理性行为理论认为人都是理性的,即个体的大部分行为都是在人的自我意志的控制之下发生的,并认为年龄、职业、个性、性别等变量对行为倾向产生

的影响是间接通过态度、主观规范对行为意向的影响而产生的。但现实中,个体的行为受到多方面因素的影响,除了主观意志外,行为控制条件(表现为个体从事该行为所具备的能力和拥有的条件)同样也会对行动及行动的结果产生不同的影响。基于此,有不少学者从不同的角度对理性行为理论进行了拓展研究,如图2.3所示。其中最为重要的是Ajzen(1985)的研究,其在理性行为理论的模型中加入"行为控制感知"这一变量而提出了"计划行为理论"。计划行为理论的提出,弥补了理性行为理论的不足,使得理性行为理论的适用范围得到了扩大。

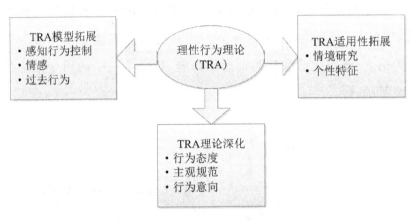

图2.3 理性行为理论拓展研究概念图

2.计划行为理论

计划行为理论(theory of planned behavior,TPB)是社会心理学研究领域中用以预测个体行为的最为重要的理论之一,最早由Ajzen(1985)在理性行为理论(TRA)的基础上发展而来。它更加完整地描述了影响行动者行为意愿的因果关系结构(见图2.4),行为意愿作为结果变量,受到前因变量——行为态度、主观规范和感知行为控制的影响。计划行为理论的主要观点包括六个方面的内容:第一,行动者的决策行为除了受到其行为意向的影响,还会受到实际控制条件的约束,包括机会、资源、个体能力等;第二,行为态度、主观规范和感知行为控制是前因变量,行为意向是结果变量,前因变量不仅与结果变量显著相关,而且还存在两两相关的关系;第三,行为态度可以被分为两方面,分别是工具性态度和情感性态度。其中工具性态度指的是主体对于特定对象是否有用和有价值的判断,而情感性态度是主体对于特定对象是否喜欢的判断,以及特定对象是否能让主体产生愉快感受的评价;第四,主观规范反映的是环境要素对行动者决策行为的影响作用;第五,感知行为控制描述的是行动者对于实施某一特定行为的难易程度和条件限制的感知;第六,行为态度、主观规范和感知行为控制这三个变量分别受到行为信念、规范信念和控制信念的影响,信念是三个前因变量的认知和情绪基础。

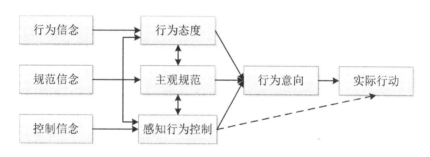

图 2.4　计划行为理论模型

资料来源:AJZEN I, 1985. From intention to actions: a theory of planned behavior [M]. New York: Springer.

二、国际旅游供应链研究文献综述

(一)旅游供应链研究综述

虽然关于旅游供应链的实践和应用由来已久,但一直到20世纪八九十年代关于旅游供应链的理论研究才开始受到学者们的重视。之后,实践的迅猛发展和理论供给的不足之间的矛盾促进了旅游供应链的快速发展。2000年3月在德国柏林召开的可持续旅游发展的旅游运营商倡议会(TOI)以及其中的供应链研究所(SCWG)的成立都为旅游供应链理论的发展提供了良好的环境。但国外旅游供应链研究的文献总数并不多,笔者于2022年7月10日以tourism supply chain和travel agency supply chain作为篇名关键词在Emerald全文期刊库和Springer期刊数据库中对2000年1月1日—2022年7月10日时间段内的文献进行搜索,共检索到有关旅游供应链研究的各类文献163篇,研究的内容主要包括旅游供应链的概念界定、构成要素、模型框架、战略管理、协调问题等方面,研究方法以实证研究和案例研究居多。

国内关于旅游供应链的实践和研究都稍晚于国外,代葆屏(2002)的《旅行社供应链管理模式初探》是目前学术界公认的国内第一篇有关旅游供应链的理论文献。笔者于2022年7月10日在中国知网(www.cnki.net)的中文期刊全文数据库中用高级搜索的方式,对篇名包含"旅游"和"供应链"这两个关键词、发表时间为2005年1月1日至2022年

7月10日之间的文献进行检索,共搜索到各类学术论文446篇,各年份发表的论文篇数如图2.5所示。通过论文数量可以看出国内对于旅游供应链的关注度,但与管理学其他领域的研究成果相比研究总量还是相对较少。研究的内容包括旅游供应链的概念及构成、核心企业、运作机制、节点企业关系、企业绩效和风险规避等。近年来,许多学者开始将电子商务、低碳经济等领域的概念和研究方法引入旅游供应链的研究当中,关于旅游电子商务、低碳旅游等主题的研究数量呈现逐年上升的趋势。

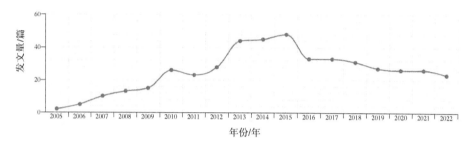

图2.5 2005—2022年知网旅游供应链相关论文数量统计

资料来源:根据中国知网(www.cnki.net)相关数据进行整理。

1.国内外旅游供应链研究学术史概括

在旅游供应链的思想在国外提出之初,受可持续发展观念的影响,学者们的研究更多着眼于如何通过旅游供应链管理使旅游业能够实现可持续发展(Tapper et al.,2004)。之后,随着旅游供应链理论体系的不断成熟和实践反馈的增加,越来越多的学者开始对旅游供应链的构成、模型、协调等问题展开探讨(Luisa,Ortiz,2009;Peng et al.,2011)。关于旅游供应链构成方面的研究,Tapper、Font(2004)从旅游产品和服务的供应角度出发,认为旅游供应企业和运营商等共同构成了旅游供应链,具体包括旅行社企业和为旅游产品中的餐饮、住宿、交通、观赏娱乐、购物等各环节提供服务的企业。Smith、Xiao(2008)从销售和营销对象的角度出发,指出游客是旅游供应链中除了"食、住、行、游、购、娱"这六要素的供应商以及旅游中间商以外的重要的组成部分。Weiermair(2005)结合旅游价值链的观点,认为旅游供应链是由一系列包括信息预订、食宿供应、售后等在内的服务构成。Sigala(2008)在充分论证了信息共享、同步决策和激励整合三者之间关系的基础上,构建了供应链管理实施模型。Zhang 等人(2009)构建了旅游供应链管理研究框架模型和旅游目的地典型的旅游供应链模式。Muhammad、Suhaiza(2017)指出旅游供应链管理就是要不断提高供应链的效率、可持续性和盈利能力。因此,尤其重要的一点就是要和合作伙伴一起通过价值链协同的方式共同创造价值(Beritelli et al.,2014)。在协同性的供应链网络中,资源是共享和开放的,成员应当共同分享知识、信息、技能以及机会等有价值的资源(Yeniyurt et al.,2014)。

　　国内对旅游供应链的研究无论是理论还是实践方面都落后于国外,现有的研究多聚焦于旅游"六要素"的探讨和分析,并已形成了较为完备的理论体系,但对于实现各要素之间的协调和整合的研究仍然较为欠缺,而旅游供应链的理论和方法可以为其提供有效的指导(宋露露等,2015)。就旅游供应链的构成而言,刘广文(2008)从微观层面上指出,旅游供应链是由功能型服务提供商、旅游服务集成商以及客户群组成。舒波(2007)则从宏观层面上指出,完整的旅游供应链管理系统应该包含三个组成部分:内部供应链管理、外部供应链管理和内外部组合供应链管理。苏志平等(2010)、刘新红等(2008)认为在传统旅游供应链要素的基础上,根据绿色旅游供应链的理念,应当增加垃圾处理系统。何佳梅等(2007)在对传统旅游供应链进行充分分析的基础上,首次构建了出境旅游供应链的构成要素。学者们一致认为对旅游企业实施供应链管理具有重要意义(王玖河 等,2011;陈永昶 等,2013)。很多学者对旅游供应链运作机制、旅游供应链的节点企业选择及评价、旅游供应链上的核心企业、旅游供应链的风险规避等内容展开了研究。在关于旅游供应链的核心企业研究中,李万立等(2007)、舒波(2007)、何佳梅等(2007)认为旅游供应链应当以旅行社作为核心企业。而路科(2006)则认为应当以景区作为旅游供应链的核心企业。另外还有学者认为,根据旅游供应链的实际,可采取"双核心"的管理方式,例如申作兰和林德山(2009)认为旅游供应链以旅游景区和旅行社为双核心更符合旅游发展的实际。冯珍和王程(2014)则认为旅游供应链应当以政府与旅游企业为双核心,这样更加有利于政府对整条供应链的监管。国内学者对旅游供应链供应商的选择和评价指标存在不同的观点。例如:李万立等(2007)以住宿供应商为例展开研究,认为对供应链内住宿供应商进行评价时,应从饭店硬件设施、软件因素和目的地的地理因素等方面入手。刘恒飞(2009)构建的评价指标体系则包含了四个方面:产品(服务)竞争力、企业竞争力、企业合作能力及兼容性、环境社会资源贡献。旅游供应链上的多层委托代理关系会导致旅游经济活动中的悖逆选择和道德风险增高,李万立等(2005)、夏爽等(2008)都对旅游供应链中的这些问题的解决和规避措施进行了探讨。近年来,部分学者开始关注旅游供应链的协同问题,例如伍百军(2013)运用协同理论和系统论的观点对旅游供应链进行分析,指出旅游供应链是在各个旅游相关部门之中形成一条以旅游产品传递为主要内容的链状结构。陈阁芝等(2017)基于创新理论指出旅游供应链协同创新能获得单个创新主体无法企及的整体创新效果。

2.旅游供应链管理相关研究综述

(1)旅游供应链的协调管理

旅游供应链协调关注的是旅游供应链上的节点企业之间的沟通和决策模式,是以实现旅游供应链的总体目标和整体盈余为目的的(杨树,2008)。旅游供应链的特征决定了只有所有企业的服务质量得到保障才能使游客获得满意的体验,因此供应链的成功离不开节点企业之间的相互协作和支持(Kemperman,2000)。黄立国(2010)在对我国旅游供应链协调问题进行研究时指出,旅行社企业与旅游供应商合作的深度和广度,决定了其对旅游供应链协调的维护能力以及对旅游供应链整体利益的实现程度。

国外关于旅游供应链各主体之间协调关系的研究并不多,Garcia和 Tugores(2006)使用两阶段博弈模型对服务质量不同的酒店之间的竞争决策进行分析。结果表明,虽然两者可以共同存在,但是高服务质量酒店的扩张并不一定能为社会带来更多的福利。Pintassilgo 和 Silva(2007)通过构建酒店之间的纳什博弈模型对住宿业和环境质量之间的关联作用进行研究,结果显示:酒店的扩张可能带来经济和环境的过度开发,最终导致"公共的悲剧"的产生。Caccomo、Solon 和 Rasana(2001)基于信息不对称假设建立了旅行社价格竞争模型,并指出部分游客之所以面临价格差异是由于信息的不对称和不透明。Candela 和 Cellini(2006)使用微分博弈研究了旅游产品间的竞争并指出,均衡战略取决于旅游产品的差异化类型,外生差异和内生差异将产生不同的均衡战略。Bastakis 等(2004)通过构建非对称信息的讨价还价模型来对大型旅行社企业和规模较小的酒店之间的非对称竞争关系进行研究时发现,基于这种信息的不对称大型旅行社能够利用其地位的优势对中小酒店的经营运作产生影响和控制。Wachsman(2006)使用纳什博弈模型对酒店与航空公司之间的价格战略关系进行分析,结果表明两者之间的合作能够使双方的价格都得到控制,从而使游客受益,但多个目的地酒店和航空公司间合作则会出现囚徒困境。

在国内,旅游供应链协调问题是旅游供应链研究中最为热门的话题之一,学者们普遍认为旅游业当中出现的种种乱象和问题大多与旅游供应链各主体之间的运作不协调有关。学者们关于旅游供应链主体之间协调问题的研究涉及旅行社与游客、景区、酒店、交通运输部门以及旅游整体供应商之间的关系协调问题;也包括酒店与交通运输部门、景区之间的协调;还包括景区与散客的关系、供应商与中间商之间的利益关系等。其中以旅行社和供应链其他各主体之间协调关系的研究最为常见。例如,张晓明等(2008)、张巍巍(2013)、马育倩和段迎豪(2014)分别通过博弈模型、经典报童模型、得益模型和最佳数据选取模型就旅行社与游客和交通运输企业之间的协调问题进行讨论并给出对策。杨丽等(2009)、胡宇(2013)运用博弈理论对基于单个组团社和单个地接社的旅游供应链的定价策略和利润分配问题进行了研究,并提出了利益分配的协调机制。葛世通(2011)根据组织冲突理论,构建了旅行社和运输企业的两级协调模型,并通过模型分析指出,旅行社在与旅游运输企业的合作中,控制好游客数量、激励程度以及双方共同制定的价格,整个旅游服务供应链就能达到有效的协作。左小明(2011)在对旅游供应链各成员企业协作关系的演变过程进行分析的基础上,构建了旅游供应链协作关系治理机制概念模型(见图2.6)。

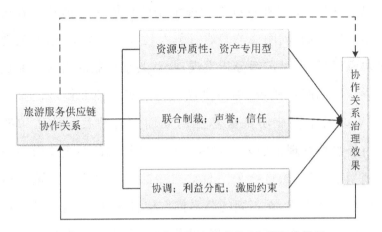

图 2.6　旅游服务供应链协作关系治理机制概念模型

资料来源:左小明,2011.旅游服务供应链协作关系治理研究[J].现代管理
科学(4):54-55,66.

杨晶等(2012)在对旅游供应链存在问题进行分析的基础上,结合
旅游供应链的特点选取了产品流、信息流、资金流、知识流为协调机制
要素,并结合契约理论、市场信息不对称理论等对旅游产品的推动协调
模式、信息不对称的"逆向选择"、旅游企业资金收益等问题进行相关探
讨,构建了针对旅游供应链中产品、信息、资金和知识的协调机制。周
垂日、吴钰(2013)通过对供应商与投机商之间进行斯坦伯格博弈分析
指出,通过对折扣水平的协调,可以实现旅游供应链整体收益的最大化
以及博弈双方各自收益的最大化。石园等(2013)、张廷龙和房进军
(2017)通过数学模型的构建来对旅游景点和旅行社构成的二级旅游供
应链进行分析,研究需求旺季时旅游景点如何调整旅行社的价格折扣
来优化整条供应链的利润。高海燕(2014)以宾馆和航空公司作为研究
对象,探讨这两者的协调合作关系。印旭斌(2016)通过对是否引入共
享机制的供应链分别进行分析,构建无契约旅游服务供应链协调模型
和有契约旅游服务供应链协调模型,通过比较分析得出,在旅游资源相

当的情况下,引入共享机制对于服务链条的整体质量提升有着很大的促进作用。嵇雅楠、周刚(2016)通过引入收益共享机制,建立旅游服务供应链协调模型,通过求解分析发现,收益共享机制的引入能够提升旅游服务供应链的服务质量,提高供应链各节点企业及供应链整体的利润水平,对改善电商旅游乱象丛生的局面大有裨益。林强和魏光兴(2018)将公平偏好理论引入由景区和旅行社组成的两级旅游服务供应链运作模型中,研究旅行社公平偏好对旅游服务供应链决策主体决策和供应链绩效的影响,在不同的公平偏好信息条件下,通过数理推导得到景区和旅行社的最优定价策略,并设计了实现旅游服务供应链协调的收益共享契约机制。赵祎馨(2018)对以旅游电商为核心的旅游服务供应链协调机制进行研究,并提出旅游服务供应链协调的措施。

从以上研究可以看出,现有的文献大多是关于两个主体之间的协调关系的探讨,很少有文献从旅游供应链整体的协调展开研究。大多数学者偏重微观数量计算,却缺乏宏观思考;只有少部分涉及多阶段博弈,且维度单一,视角孤立,策略过于笼统,协调机制有待细化。

(2)旅游供应链的需求预测

旅游需求预测可以帮助旅游企业更好地对游客的旅游需求进行估计,并提前做好相应的应对准备。特别是在供应链环境下,精准的需求预测可以更好地实现供应链的整体目标,提高供应链盈余,有效降低"牛鞭效应"的影响。国外学者对于旅游预测的研究已经持续了较长时间,并且取得了不错的成果。从研究的内容来看,部分学者致力于寻找最优的预测模型,如 Chu(2004,2008,2009,2011)从 2004 至 2011 年,以国际游客来访新加坡数据构建模型,对新加坡旅游需求进行预测,最终证明分段线性模型预测值较自回归趋势模型、季节性自回归集合移动平均数模型和简单集合自回归移动平均数模型,精确性更高。Athanasopoulos 等(2008,2009)尝试了多种方法对澳大利亚旅游需求进行研究,最终发现基于均衡预测的自顶向下法和最优组合法在旅游分级预测法里表现最优。也有的学者热衷于对组合预测模型的效果进行评估,如 Shen 等(2011)使用五个经济模型和两个时间序列模型分别进行预测,进一步证实了组合预测结果一般来说优于最好的单一预测。Chan(2010)采用一个二次规划模型赋以单一预测模型权重的方法,对组合预测的精度和效果进行研究,有效提高了组合预测的性能。

对于旅游需求预测的研究所使用的研究方法多为统计方法、计量经济学方法和时间序列分析,其中以时间序列分析方法应用最多,如 Guizzardi 等(2010)使用一个结构时间序列方法评估潜在周期元素模型,并运用模型对旅游策略里的反周期突发事件进行校正。Andrawis(2011)在其研究中充分考虑了使用不同的时间聚合的差异性,尝试从月度时间序列产生一个年度的时间序列,同时,对这些时间序列都进行预测,然后将预测结果组合。Chen(2011)对线性和非线性统计模型进行组合来预测可能的非线性时间序列。还有不少学者采用了其他学科的研究方法对旅游需求进行预测,如 Hong(2011)将 SVR 模型与混合遗传算法结合,组合得到 SVRCGA 模型,并证实了其优越性。Yap 等(2011)对影响旅游需求的因素进行分析,构建了影响指标,并通过三级小组最小平方的计量经济模型,即 3SLS 模型来进行验证。Chen 等(2012)提出用一种新的基于经验模态分解和神经网络的预测模型来预测旅游需求。

但国内对于旅游需求预测的研究起步较晚且成果不多,常用的模型包括灰色理论模型、回归模型和神经网络模型,而针对旅游供应链需求预测的研究就更少了。袁丽婷(2013)构建了一种基于旅游供应链的目的地旅游需求预测模型,使用灰色关联分析验证假设因素与目的地旅游需求之间的相关性,再将筛选出的因素用以建立预测模型。石园等(2013)通过构建前期需求预测更新模型,对游客、旅行社、功能性服务提供商组成的三阶段旅游供应链的合作预测问题展开研究。王玖河等(2013)从计划、预测、供需平衡三个方面构建了以旅游景区为核心企业的旅游供应链 CPFR 协同模型。张浩元和白华(2015)选取着色Petri 网(Colored Petri-nets,CPN)作为仿真工具,建立了一种旅游供应链协同需求预测的流程仿真方法。

(3)旅游供应链的可持续发展

受可持续发展观的影响,国外学者比较关注供应链与环境的融合问题,他们的研究中更加强调核心企业在促进供应链绿色发展方面的责任。Tepelus(2005)和 Fadeeva(2005)都认为旅游供应链上的核心企业应当积极带领供应链上的其他企业以不同的形式不断向旅游者灌输有关环境保护的知识,以促进旅游业的可持续发展。Schwartz、Tapper和 Font 于 2008 年首次提出了旅游供应链管理可持续发展的实施框架,为旅行社可持续管理的实施提供了有力的依据。Adriana(2009)在对 8 家大型旅游集成商的经营和管理活动进行分析的基础上,对旅游目的地的可持续发展问题进行研究,构建了旅游环境绿色供应链管理的模型。Sigala(2008)在其研究中,对旅游供应链上节点企业所应当具有的可持续性行为的准则及实施措施,从信息共享、同步决策、激励整合三个方面提出了建议。

国内关于旅游供应链可持续发展的高质量研究成果不多,并且大多是间接地从绿色旅游、低碳旅游等环境主题进行切入。例如,夏晶(2006)在对中国西部的旅游资源进行充分研究的基础上,构建了西部绿色旅游供应链模型及管理系统,并提出了相应的建设对策。张书海(2007)提出了生态旅游绿色供应链管理的目标及应遵循的原则,探讨了将绿色供应链原理运用到生态旅游设计与规划、制造与维护、营销、消费等环节的基本思路。黄丹霞等(2009)以绿色旅游理念为指引,提出了绿色旅游供应链构建的基本要求和保障措施,并构建了以旅行社为核心的绿色旅游供应链结构模型。王芬(2010)建立了以景区为核心的绿色旅游供应链的运作结构模型,并对供应链中旅游资源的绿色设计制造、绿色维护、绿色营销与绿色消费等环节进行探讨。吴丹(2011)分析了低碳旅游背景下旅游供应链的特点,构建了低碳农业旅游供应链结构模型(见图 2.7)。

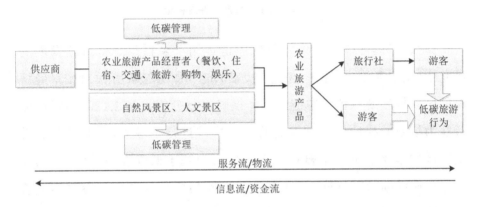

图 2.7　农业旅游低碳供应链结构模型

李晓琴、银元(2012)以攀枝花市为例,分析了低碳旅游供应链中政府、企业和游客三大利益主体的相互作用。张侨、蔡道成(2012)构建了可持续旅游供应链概念模型,分析了可持续旅游供应链的系统目标和流程,并对其管理系统构成要素进行识别,指出系统性和网络性是可持续旅游供应链的本质特性,旅游企业和政府都应当从供应链的系统和网络视角审视所有的经营活动,以提高旅游供应链整体可持续能力。郭栩东(2012)从绿色旅游供应链的视角,对绿道旅游开发中的问题进行分析和概括,构建了绿道旅游产品开发模型(见图 2.8)和政府行为博弈模型,并通过模型对政府的激励行为进行分析,以及求解最佳行为的均衡策略。

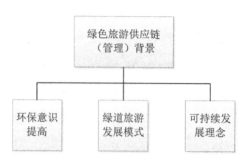

图 2.8　绿道旅游产品开发模型

周兴、王远坤(2013)将绿色供应链运用于乡村旅游可持续发展的研究中,从信息链、物流链、资金链、知识链和服务链等方面对城市经济辐射区乡村旅游绿色供应链的运作模式进行分析。张杰(2013)对以旅行社为核心的绿色旅游供应链的开发模式进行了探索,并对绿色旅游供应链构建要求进行了概括。王宠(2015)基于低碳经济的背景,构建了绿色旅游绩效评价体系(见表 2.2)以及集成化的绿色旅游供应链管理理论模型(见图 2.9)。

以上关于旅游供应链可持续发展的研究以基本内涵分析为主,属于静态的浅表研究阶段,而关于旅游供应链对旅游可持续发展影响的实证研究基本上还是空白。

表 2.2　绿色旅游供应链绩效评价指标体系

目标层	一级指标	二级指标	指标解释
绿色旅游供应链	旅游服务质量	旅游投诉率	游客投诉人次/接待总人次/%
		游客满意率	游客满意人次/接待总人次/%
		旅游合同执行完好率	全年严格完好执行旅游合同份数/全年旅游合同总份数/%
	业务流程水平	合同变更柔性	合同变更需求满足次数/合同变更需求次数/%
		供应链响应周期	旅游订单下达至各旅游供应链全体成员做出订单准备的最快时间（主要针对特殊旅游产品或专业旅游产品）/天
		企业间协作程度	旅游企业间的合作等级与依存度
		企业产能利用率	实际产能/企业最大产能/%
	企业总体盈利能力	总资产回报率	税后净利润/总资产/%
		旅游收入增长率	本年度新增旅游收入/上年旅游总收入/%
		旅游投资回报率	年利润总额/旅游投资总额/%
	低碳化水平	游客人均能源消耗	旅游行业年度能源消耗总量/旅游接单总人数[千克标准煤/(人·年)]
		资源循环利用率	循环利用资源量/现可利用资源总量/%
		废弃物排放达标率	废弃物排放达标量/废弃物排放总量/%
		绿色旅游产品开发率	绿色旅游产品数量/旅游产品总数量/%

资料来源：王宠，2015. 低碳经济背景下绿色旅游供应链构建与评价[J]. 人民论坛 (29)：226-228.

（4）旅游供应链的道德约束问题

一些学者对旅游供应链中的社会责任、伦理、信任等问题进行了有益探索，尝试从道德精神层面规范企业的行为（潘晓东 等，2011）。苏志平和顾平（2010）认为企业的社会责任包括经济责任、法律责任和伦理责任。高玥（2010）从利益相关者、体验营销和重复博弈视角入手，构建了旅游供应链伦理管理模型并提出相应的对策建议。

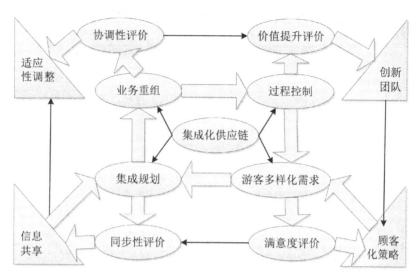

图 2.9　集成化旅游供应链管理理论模型

资料来源：王宠，2015. 低碳经济背景下绿色旅游供应链构建与评价[J]. 人民论坛（29）：226-228.

3.旅游供应链评价相关研究综述

（1）旅游供应链的可靠性

对传统供应链可靠性的度量一般采用两种方法：经验指标度量法和工程理论度量法。经验指标度量法涉及订单满足率、配送绩效以及订单履行度三个指标；工程理论度量法，是在充分考虑供应链各节点间联系的基础上，将可靠性工程理论与供应链结合的方法，比起经验指标度量法，这种方法更加科学缜密。然而，旅游供应链与传统的供应链相比有其特殊性，所面临的风险也各有不同，学者们通常通过旅游供应链的"可靠性"与"鲁棒性"来对旅游供应链应对风险的能力进行衡量。其中，"可靠性"是用来说明系统无故障工作能力的概念，而供应链的可靠性是指将供应链放置于完全竞争的市场中时，其在特定时间内能够保持正常运行的能力(张凤玲 等,2010)。"鲁棒性"是用来描述企业在面对其内部结构和外部环境变化时能够在多大程度上保持系统功能的概念。而旅游供应链的鲁棒性是指旅游供应链能够不断适应其内、外部环境的变化,持续增强面对不确定性风险的能力(黄小原 等,2007)。

　　学者们结合旅游供应链的特点,对其可靠性进行评价的文献可以分为两类:一类倾向于对供应链的组织结构和各主体之间关系的可靠性进行评价;另一类则倾向于通过旅游供应链中核心企业的竞争力,以及整个供应链的运作效率和效果等指标来对供应链的可靠性进行评价。如伍春等(2007)构建了以旅行社为供应链核心企业的供应链可靠性评价指标体系,主要包括质量指标、核心企业竞争力、柔性指标等。张凤玲和岑磊(2010)对旅游供应链可靠性进行了界定,并从协调可靠性、关系可靠性、结构可靠性和供应链柔性四方面构建了旅游供应链可靠性评价模型和评价指标体系(见表 2.3)。

表 2.3　旅游供应链可靠性评价指标体系

协调可靠性	信息传递可靠性
	供应链企业合作度
	联盟可靠性
	核心企业控制力
关系可靠性	顾客满意度
	跟踪和反馈能力
	信息连接能力
	顾客抱怨解决时间
	沟通频率和层次
	差异化、个性化服务能力
	推荐度

续表

结构可靠性	旅行社可靠性
	供应商可靠性
	中间商可靠性
供应链柔性	时间柔性
	产品柔性

资料来源：张凤玲，岑磊，2010. 旅游供应链可靠性评价模型分析[J]. 商业时代(20)：117，132.

刘浩(2011)在充分考虑旅游供应链特性的基础上，根据可行性、科学性和全面性等原则，建立了包含结构、关系、组织、柔性四方面在内的度量指标体系，对旅游供应链的可靠性进行度量。罗燕春、卢琳(2013)在综合考虑核心企业竞争力、上下游企业衔接、供应链柔性等方面因素的基础上，采用灰色理论建立数学模型，对宜宾市几家企业进行旅游供应链可靠性评价。陈敬芝(2013)构建了旅游供应链可靠性测量的两级评价指标体系，其中一级指标 3 个——运作质量标准要求、核心旅游企业竞争力和供应链运作柔性，二级指标 9 个——业务绩效水平、游客满意度、成本利润率、投资收益率、利润增长率、员工素质、员工稳定性、时间柔性以及产品柔性。张月梅等(2015)首先构建了以旅游运营商为核心的旅游供应链模型，并在充分考虑旅游供应链失效的可能性原因的基础上将模糊理论与传统故障树分析法相结合确立模糊故障树分析模型，用以对其可靠性进行评价。李志伟(2018)在对收集的数据进行灰色统计处理的基础上，建立了新的旅游供应链可靠性评估指标体系，将旅游供应链简化为供应、生产、分销三个阶段并建立 GO 图，用以评估旅游供应链的可靠性，并以某旅行社的数据进行算例验证。

(2)旅游供应链的游客满意度

游客满意度是旅游行业衡量服务质量好坏的重要指标，通常可通过调查问卷的方式来获得数据。围绕旅游服务的质量,游客满意度的评估一般可分为两个方面:① 基本因素与性能因素,这两者侧重于对旅游产品的质量进行评估;②感情因素,侧重于对旅游过程中所接受到的服务质量的高低进行评估。国外对游客满意度的研究始于 20 世纪 70 年代,国内的研究稍晚于国外,研究的内容主要集中在:游客满意度的内涵分析、影响游客满意度的因素分析、游客满意度的测评等方面。Pizam 等(1978)、Bread 等(1980)是最早对游客满意度展开研究的学者,他们在研究中对游客满意度进行了界定。其中,Pizam(1978)认为游客满意度是游客对目的地的期望和到目的地后的实际感知相比较的结果。Bread 等(1980)则认为,游客满意是一种"积极的"感知,它建立在游客期望和实际体验相比较的正向结果基础之上。他们的研究为后来的学者在游客满意理论方面的研究奠定了基础。Pizam 等(1978)、Mazursky(1989)、Chen 和 Gursoy(2001)、Bowen(2001)分别从不同的角度对影响游客满意度的因素进行探讨。Pizam(1978)通过对海滨旅游的游客进行调查,发现影响他们满意度的因素包括成本、好客度、餐饮设施、住宿设施、环境、商业化程度等八个方面。Mazursky(1989)在Pizam 等(1978)的研究的基础上加入了游客的自身因素,认为游客过去的旅游经历也会对他们的满意度产生影响。Chen 和 Gursoy(2001)则认为影响游客满意度的因子包括游客对于旅游地的安全、文化差异(体验)和交通便利等方面的感知。Bowen(2001)在总结前人研究的基础上,将影响游客满意度的因素归纳为六个方面,即期望、绩效、不一致、特性、情绪和公平。

国内学者专注于旅游供应链游客满意度的研究不多,很多学者是从旅游供应链的服务质量、游客价值和游客体验等方面对旅游供应链的游客满意度加以讨论的。如杨树(2009)以游客满意度作为衡量服务质量的指标,通过构建博弈模型对包价旅游供应链中旅行社的最优质量决策问题进行分析。郑四渭和王玲玲(2010)通过对游客价值感知和游客满意度进行调查,探索影响会展旅游服务供应链的顾客价值创新的因素,并探讨其相应的对策,尝试建立了会展旅游服务供应链的顾客价值创新模型。对于影响游客满意度的因素的探讨,一直是学术界争论比较多的话题,有的学者认为影响游客满意度的主要因素是服务质量,然而也有的学者认为对游客满意度影响更大的因素是服务及补救措施的及时性、硬件设施的完备性和人文环境的丰富性等。如黄晶等(2010)采用探索性因子分析方法来对影响旅游供应链游客满意度的因素进行识别,最后概括出 7 个主要的影响因子,并构建了旅游目的地供应链对游客满意度的影响模型(见图2.10)。滕达(2012)依据满意度和供应链相关理论建立了 35 个游客满意度观测指标,运用结构方程模型对旅游供应链满意度模型进行检验,结果表明,公共服务供应商、商业服务供应商和旅游吸引物这三个关键变量对旅游供应链总体满意度有显著的影响作用。陈永昶等(2013)从供应链视角出发提出了满意均衡的理念,认为满意是一种均衡,要想实现游客满意,就必须首先建立起旅游供应链上各主体之间均衡的满意关系。

(3)旅游供应链的柔性

在现代市场经济环境中,对顾客的需求变化做出快速、准确的反应是企业获得竞争优势的关键要素。构建柔性旅游供应链是应对"散客化"浪潮的不二选择(王细芳 等,2012)。供应链柔性的概念最早出现在 Slack(1988)的研究中,他在对制造业供应链进行研究的基础上指出,供应链柔性是指供应链响应顾客需求变化的能力。此后,国内外学者对供应链柔性进行了界定,并对其在实践当中的管理运用展开了研究,也取得了不错的成果。然而关于旅游供应链柔性的专门研究并不

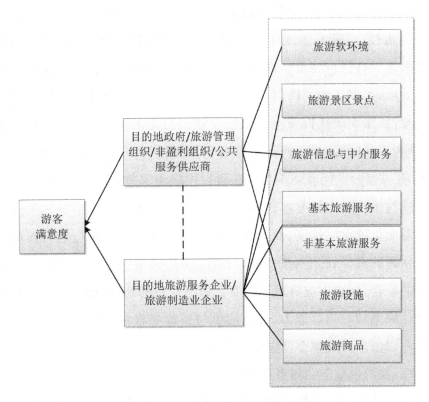

图 2.10　旅游目的地供应链对游客满意度的影响模型

资料来源:黄晶,吕维霞,刘宇青,2010. 旅游目的地供应链管理对游客满意度的影响因子分析[J]. 旅游论坛(4):401-406.

多,也有的研究将柔性作为评价供应链可靠性、敏捷性等的指标。伍春等(2007)是最早对旅游供应链柔性进行界定的国内学者,他们指出,旅游供应链柔性实质上就是其敏捷性,是旅游供应链在面对市场变化时所获得和维持竞争优势的灵活性。宋露露、袁国宏(2015)认为,旅游供应链柔性指的是旅游企业通过灵活的供应链结构和流程,及时感知并对游客变动需求进行有效反应的能力。对供应链柔性的衡量,存在着许多种不同的说法,最早的时候 Slack(1988)提出,可以从范围柔性和反应柔性两个方面来对供应链的柔性进行衡量。随后,Jayaram 等

(1999)在 Slack(1988)的研究的基础上,从客户的角度出发,认为应当从产品柔性、产量柔性、新产品柔性、分销柔性和响应柔性这五个方面对供应链柔性进行评价。Harps(2000)将供应链柔性的衡量标准扩展到了 6 个:生产系统柔性(包括制造与服务柔性)、市场柔性、物流柔性、供应柔性、组织柔性以及信息系统柔性。而关于旅游供应链柔性的衡量,学者多从时间柔性、产品柔性和价格柔性三个角度来进行评价(罗燕春 等,2013)。还有不少学者在研究中提出了敏捷供应链的概念,究其本质与柔性供应链基本是相同的,区别在于敏捷供应链更多关注的是应对变化的反应速度,而柔性供应链更加注重的是供应链在面对需求变化时的灵活性。刘玫(2011)指出,供应链敏捷化可以促进节点企业间的联合,加快供应链对市场变化做出反应的速度,提高供应链对市场变化的感知和响应能力,进而使供应链能够根据市场机遇进行快速重构和调整以实现整个供应链的优化运行。

(4)旅游供应链的服务质量

国内外关于旅游供应链服务质量的研究成果不多,并且多数研究都是基于单个环节的服务质量的分析,例如酒店的服务质量、旅行社的服务质量等,缺乏多阶段、整体性和系统性的分析。如杨树等(2009)研究了旅行社在由主题公园和旅行社组成的包价旅游供应链中的最优服务质量决策问题。慕晓峰、赵洁(2010)针对旅游供应链中企业如何提高服务质量提出了对策建议。刘玫(2011)在对旅游供应链环境下以旅游景区为主的旅游服务企业质量管理方面的问题进行研究的基础上,针对敏捷供应链的旅游服务质量管理和监督提出了实施策略。邱亚利(2013)结合决策优化理论的相关观点对旅游供应链服务质量决策优化的步骤、相关要素和措施等进行了探讨。侯静怡等(2014)通过构建旅游诚信服务质量博弈模型,探讨了旅游供应链上的相关参数在多级监控情况下对旅游服务质量的影响作用,以及多个接团社竞争对旅行社及服务效果的影响。蒋芸(2018)在其研究中构建了旅游供应链服务质量差距模型,并对模型中的三方面差距(见图 2.11)进行分析,最后提出了有针对性的策略建议。

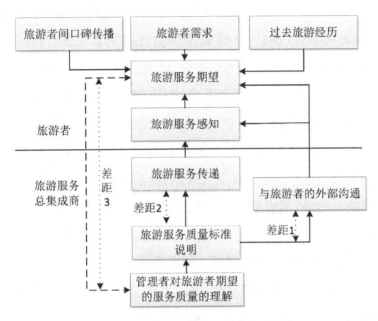

图 2.11 旅游供应链服务质量差距模型

资料来源:蒋芸,2018. 新常态下我国旅游供应链质量管理研究[J]. 度假旅游(6):3-5.

(5)旅游供应链的风险性

在旅游供应链的风险管理研究中,关于风险分类的研究数量最多。旅游业因其自身的特点,在运作过程中通常存在较为复杂的多层委托-代理关系。而这种关系常常会导致旅游经济活动中悖逆选择和道德风险的存在(夏爽 等,2008;李万立 等,2005)。悖逆选择指的是,代理方为了获取订单,以虚假的或欺骗的形式向代理方发出的与其实际情况不符的市场信号的行为,例如代理方(服务提供方)对自身服务质量和服务水平的夸大、对市场能力的虚报等。刘小群等（2004）指出，委托方在信息不对称的情况下，难以对市场信号进行准确的识别和判断，从而导致委托方错误选择能力和水平较差的代理方的可能性增加，由此产生逆向选择。道德风险则是指委托和代理双方在已经达成契约后，代理方在履行契约时出现的违背契约和道德标准的行为（李万立 等，2005）。张璐和秦进（2012）认为旅游供应链的风险可分为内生风险和外生风险两大类。内生风险主要是指供应链内部企业间的相互合作关系中存在的风险，目前国内学者关于这方面的研究，更多的关注点为委托-代理关系问题。旅游供应链的外生风险主要是研究需求变化所导致的风险。旅游业本身就是一个需求拉动型产业，其中供需关系和游客需求的变化，以及供应链管理模式的转变等都会对旅游供应链产生极大的影响。目前，学者关于旅游供应链外生风险的研究中以对"牛鞭效应"的研究居多。牛鞭效应是指在营销过程中需求变化在从消费者到供应商的过程中被放大的现象。旅游产品具有不可储存和不可转移的特点，这使得供应链中时间和空间的供求矛盾更加突出，因此牛鞭效应也更加明显。

还有部分学者从其他的方面对与旅游供应链风险管理相关的内容进行了研究，但高质量的研究成果并不多。如何佳梅、张善芹（2007）在对出境旅游供应链的现状及所面临的风险进行分析的基础上指出，除了同样面对境内旅游供应链所面临的风险外，出境旅游供应链还面临着外部环境、信息传递和监管等方面的风险。牛君仪（2014）以非对称性质量风险为基础，研究了旅游产品供应链运作问题，建立了制造商和供应商共同组成的供应链模型，同时利用博弈方法探讨了面对不对称质量风险时，为了得到最大的利益旅游产品供应链成员所做出的相应对策。仇莉、伊赛（2014）以环景区集聚型农家乐为研究对象，基于供应链风险管理的相关理论和方法,并结合农家乐的特点从外部环境、市场、供应、信息、合作关系、质量六个方面进行风险识别,同时建立了农家乐旅游供应链的风险指标体系,并基于熵权的可拓模型进行风险评估。袁丽婷、陈乐君(2015)采用灰色模型对位于旅游供应链上下游企业风险的影响因素进行分析,验证了所提出的 26 项指标对旅游供应链的影响作用。

　　由以上研究可见,学者们对于旅游供应链的风险研究,目前大多以风险的识别、界定和分类为主,部分学者也给出了相应的风险防范的策略,但关于风险的防控、预测、度量和评估等方面的研究则相对较少。

(二)旅游供应链结构相关研究综述

　　制造业中的供应链是围绕核心企业,通过对信息流、物流、资金流的控制,将供应商、制造商、分销商、零售商和最终用户连成一个整体的网链结构模式(马士华 等,2000),结构模型如图 2.12 所示。

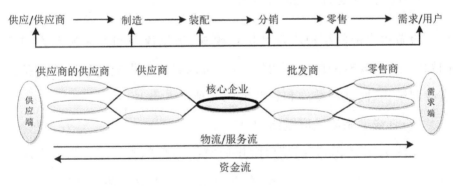

图 2.12　供应链结构模型

资料来源:马士华,林勇,等,2016.供应链管理[M].5 版.机械工业出版社.

　　与制造业和零售业不同,旅游供应链一般由基层供应商、旅游运营商、旅游代理商(旅行社)和游客四个主体构成(Zhang et al.,2009)。基层供应商指的是供应链中为游客提供住宿、餐饮、交通等服务在内的旅游企业和旅游景区等,它们具有高固定成本、低边际成本和高产品时效性的特征(Wynne et al.,2001)。旅游运营商也被称为批发商或是中间商,它们的工作是将由基层供应商提供的产品或服务传递给旅游代理商或游客,也可以将基层供应商的产品或服务根据游客的需要进行重新整合,形成新的产品或服务后再提供给供应链的代理商或者游客,它们还可以以自己的品牌独立开展各种营销活动(Holloway,2009),按照其业务范围可以分为出境旅游运营商和入境旅游运营商两类。旅游代理商通常是供应链中直接面对游客的机构,指的是将旅游运营商的产品或者基层供应商的产品或服务销售给游客的组织机构,按照代理商与游客所在国家相同与否同样分为出境游代理商和入境游代理商两类(Zhang et al.,2009)。旅客按照不同的分类标准可以分为散客和团体游客、国内游客和国外游客等。

1.旅游供应链结构的基本类型

旅游供应链的结构决定其协作模式、信息流动和产品流动方向等问题的不同,现有的国内外的研究中,可以将旅游供应链的结构概括为直线型结构、网络型结构和新型结构三种基本类型。

(1)直线型旅游供应链结构

如图 2.13 所示,直线型旅游供应链结构简单明了地将旅游供应链看作是由旅游供应商、运营商、代理商和游客组成的链状结构(Kaukal et al.,2000)。直线型旅游供应链结构的优点是便于一目了然地确定各主体的相对位置,但忽视了各主体之间的物流、信息流、资金流、市场流的流动和方向性问题。

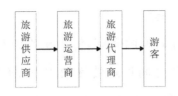

图 2.13　直线型旅游供应链结构

（2）网络型旅游供应链结构

如图 2.14 所示，网络型旅游供应链结构将供应链上各主体之间的关系表达得更加清楚，认为供应链是一个网络状结构。其特点可概括为两个方面。其一，进一步将旅游供应商划分为直接和间接两类。直接供应商指可直接为游客提供产品和服务的旅游供应商，如住宿供应商、运输供应商和餐饮供应商等。而间接供应商则是为直接供应商提供产品和服务的组织，例如为餐厅提供饮料和食品的供应商、为景区和酒店提供服务的垃圾回收或处理商、为酒店提供产品的家具制造商，以及为景区、酒店等供应水和电等能源的资源供应商等（Zhang et al.,2009）。其二，网络型旅游供应链结构突出了旅游产品、服务和信息流动的层次和方向，以及供应链上各主体之间的关联和互动情况（Alford,2005；Piboonrungroj,2011）。

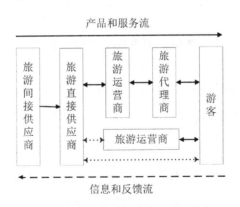

图 2.14　网络型旅游供应链结构

（3）新型旅游供应链结构

随着信息技术和互联网的发展,特别是移动互联网的进步,网络系统成了供应链上各主体之间信息传递最为重要的途径之一,因此各主体之间的相互关系也随之发生了微妙的变化(Romero et al.,2011;Reino et al.,2016)。如图 2.15 所示,新型旅游供应链结构突出了网络系统在供应链中的重要地位。通过旅游网络系统,旅游供应链上的各个主体之间可以更加顺畅地进行沟通,实现信息共享、共同预测和决策;同时,游客也可以更加便捷地获得旅游产品和服务的相关信息,购买所需的产品和服务(Reino et al.,2016)。

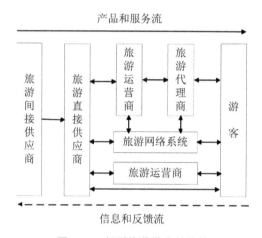

图 2.15　新型旅游供应链结构

国内学者在学习国外学者关于旅游供应链结构的相关研究的基础上提出了复杂网络型旅游供应链结构和智慧型旅游供应链结构。复杂网络型旅游供应链结构指的是旅游网络中间商通过虚拟的方式,基于网络电子商务平台开展相关的业务活动,而游客通过网络了解、对比和购买旅游产品或服务的方式(郑四渭 等,2014)。通过这种结构,游客在获得更多的价值增值和让渡的同时,也为游客带来许多便利(舒波,

2010）。智慧型旅游供应链结构最早是由郭伟等（2014）提出的。在智慧型旅游供应链结构中，在政府相关部门的有效监控下，资金流动和信息流动均在智慧旅游平台上即时实现；游客与旅游运营商、供应商之间的沟通和交流也可通过多样化的反馈渠道实现。在这种结构中，基于供应链显著的集成效应，各节点企业之间的关联度更高，关系也随之变得更加紧密。

2.旅游供应链的核心企业与结构模式演变

核心企业是供应链中的信息交换中心、物流调度中心、技术创新中心、资金结算中心和统筹协调中心，是整条供应链运作和管理的中枢；同时它在整条供应链中还应具有一定的协调能力和组织能力，以及一定程度的凝聚力、影响力和吸引力。只要满足上述这两个条件，任何类型、任何结构和任何行业的企业都能够成为供应链的核心企业。

西方国家的旅游业发展较早，旅行社企业的规模较大，发展也较为成熟，管理先进，资源整合能力较强，因此，理所当然就成了旅游供应链中的核心企业。而我国的旅游业发展存在其特殊的现实，现有的大多数旅游供应链中，旅行社的主体地位是因其在供应链上的组织职能形成的，并非由企业的竞争实力来决定。而在整体上，我国的旅行社企业无论是与国外旅行社还是国内旅游供应链上的其他主体相比，都呈现出单体规模较小、管理手段滞后、综合竞争实力弱的特点，所以目前我国旅游供应链上旅行社企业的核心地位大多有名无实。因此，国内关于旅游供应链核心企业问题的讨论一直是旅游供应链研究中的热点话题之一。笔者仔细阅读了2005年以来有关旅游供应链核心企业的相关研究文献，发现如下几个方面的现象：①旅游供应链体系中的任何企业都有可能成长为核心企业；②旅游供应链核心企业并不是一成不变的;③核心企业的确定取决于其对上下游资源的掌控能力;④目前的研究涉及的结构模式包含以旅行社、景区、酒店、在线旅游服务商、主题公园等为核心企业的旅游供应链模式。下面对前人研究中涉及的各种模式进行逐一概括:

(1)以旅行社为核心的旅游供应链结构模式

目前,有关旅游供应链核心企业的研究文献中,认为旅行社应当成为旅游供应链核心企业的观点占大多数。许多学者对旅行社在旅游供应链中的重要地位进行了分析,认为就中国旅游业现阶段的发展现状来说,旅行社发展成为旅游供应链的核心企业最符合现实的需要。李万立等(2007)指出,虽然旅游供应体系中的任何企业都有可能成长为核心企业,但由于旅行社在供应链中所处位置和所具有的职能具有特殊性,它一方面是直接面对游客进行营销活动的销售者,另一方面又是供应链上其他企业和资源的集结者和中介者,因此,在旅游供应链上旅行社比其他企业在旅游信息汇集、旅游流调度、资金结算等方面更具有优势,也更具有成长为核心企业的优先条件。基于李万立的观点,李艳花(2008)将传统的旅行社与旅游网站进行对比后指出,尽管旅游网站在为游客提供个性化定制服务方面存在优势,但是与供应链上其他企业的合作基础,以及对其他企业的服务质量的控制和管理能力都弱于旅行社。因此,我国的旅行社应借鉴旅游网站的经营模式,强化其在旅游供应链中的核心地位。周晓丽(2010)在对酒店、交通企业、景区以及新型网络中间商等企业作为旅游供应链核心企业的可能性进行分析的基础上,以出境旅游为例指出旅行社面临良好的发展机遇,应该抓住机遇迅速成长为旅游供应链的核心企业。

还有不少学者以旅行社作为核心企业构建了旅游供应链模型。例如:杨丽等(2008)在对供应链文化的内涵和旅游供应链中的产品特征进行充分研究的基础上构建了以旅行社为核心企业的旅游供应链模型（见图 2.16），并指出在旅游供应链中旅行社作为核心企业与其供应商的关系呈圆锥形。其中，景区是圆锥形的底面，因为景区常常是游客购买旅游产品的最核心的部分，也是游客外出的最根本目的。另外，从本质上来说，交通、饭店、住宿、娱乐、购物等供应商都是间接为景区提供服务的，因此它们共同组成圆锥形的侧面，并通过位于圆锥顶点的旅行社的组织协调为游客提供优质服务。黄丹霞等（2009）在杨丽等（2008）的圆锥形模型的基础上加入绿色旅游供应链的理念，构建了以旅行社为核心企业的绿色旅游供应链模型（见图 2.17），并提出构建绿色旅游供应链的基本要求和保障措施。

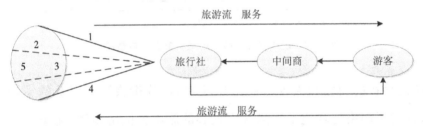

1-交通供应商；2-饭店供应商；3-住宿供应商；4-娱乐购物供应商；5-景区及其供应商

图 2.16 以旅行社为核心的旅游供应链模型

（2）以景区/景点为核心的旅游供应链结构模式

有学者认为旅游业发展中面临的种种问题和乱象，很大一部分原因是目前的旅游供应链大多以旅行社作为核心企业。也有不少学者表示：以旅行社作为旅游供应链的核心企业，这种模式对于旅游业发展的新形势已经明显落伍，应当构建以旅游景区/景点为核心的新型旅游供应链模式（路科，2006）。另外，王芬（2010）从绿色旅游供应链构建的角度入手，认为在绿色旅游供应链的运作中，以景区作为核心企业更加有利于供应链的资源利用和环境保护。徐会奇等（2013）结合现实中旅游

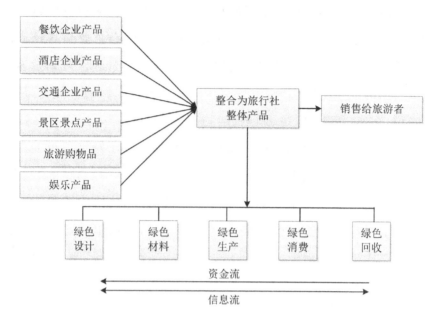

图 2.17 以旅行社为核心的绿色旅游供应链模型

供应链存在的问题和当今的网络化环境,从分析旅游供应链的结构入手,构建了网络化环境下以景区为核心的旅游供应链模型(见图 2.18);同时指出在网络背景下旅游景区可以更好地发挥自身的资源优势,整合旅游供应商,成为旅游供应链的信息交换中心,确立自己在旅游供应链中的中心地位。

马宏丽(2014)认为旅游供应链的核心企业及其主导作用会随着社会发展阶段的不同和外部环境的变化而改变。在信息和网络高速发展的今天,网络系统成了旅游供应链中新的中间商,整个供应链的结构也发生了巨大的变化,由原来的单链接结构逐渐转变为网络状的链接结构(见图 2.19)。旅游者可以直接通过网络系统与旅游景区/景点产生交易关系,旅游景区/景点在旅游供应链中发挥着核心和主导的作用,并在其他供应商、运营商和代理商之间发挥协调作用。

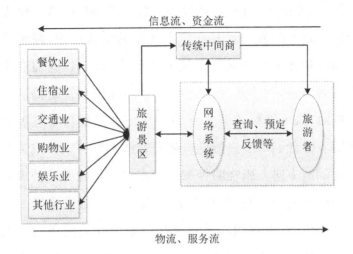

图 2.18　以旅游景区为核心的旅游供应链模型

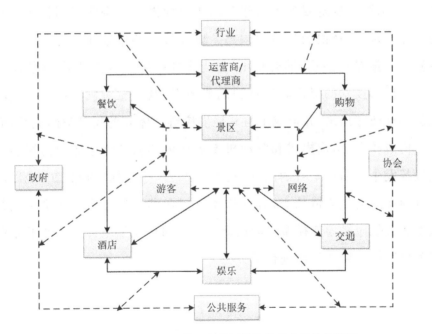

图 2.19　网络环境下景区主导型的旅游供应链结构模型

（3）以在线旅游服务商/平台为核心的旅游供应链结构模式

随着网络技术的发展及其在旅游业中的深入应用，旅游供应链节点企业之间的相互关系也随之不断发生改变，旅游供应商和旅游者之间的关系更为紧密，网络系统为这些关系的维护和促进提供了一种新的渠道。同时，关于网络化背景下旅游供应链发展和管理等问题的理论探索也随着学者们对于旅游供应链研究的不断深入而成为理论界研究的新课题和新方向。张晓明等（2010）在对中国旅游业的现状及发展特点进行分析的基础上指出，旅行社在现存的旅游供应链中并非处于真正的核心地位，而以在线旅游服务提供商为代表的新型业态将成为旅游供应链的核心企业。郭伟等（2014）基于前人的研究成果阐述了旅行社、景区和网络中间商作为旅游供应链核心企业的条件、优势和弊端，并指出智慧旅游服务平台作为旅游供应链核心企业将明显优于其他企业。黄猛、舒伯阳（2015）构建了以在线旅游服务商为核心的新型旅游供应链结构模型，同时指出，在当今的网络环境背景下，在线旅游服务商作为技术的提供者和资源的集成者，其在旅游供应链中的核心地位逐渐凸显出来，并形成了与其他供应链主体间的新型契约关系，而包括构成要素、结构模式和驱动机制等在内的旅游供应链中的核心问题也都发生了前所未有的改变（见图 2.20）。嵇雅楠、周刚（2016）以旅游电商企业为供应链核心，分别构建了包含和不包含收益共享机制的旅游服务供应链博弈模型。印旭斌（2016）对以旅游电商为核心的旅游服务供应链的协调问题进行了分析。

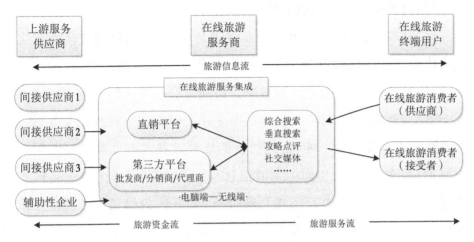

图 2.20 以在线旅游服务商为核心的旅游供应链结构模型

(三)旅游供应链协同相关研究综述

1.旅游供应链需要实现协同的原因

(1)企业之间建立紧密关系的需求

随着市场环境变化的不断加速,市场竞争程度的不断加剧,消费者需求层次的分化不断深入,使得旅游企业逐渐认识到单凭一己之力已无法在市场上生存,企业之间的合作显得尤为重要。但是在传统的逐利目标的影响下,企业往往是以追求自身收益最大化为实际发展目标;同时,受到利己思想和机会主义的诱导,也常常导致企业做出损害企业之间合作关系的决策行为。从供应链的视角出发,为了进一步深入稳固和强化供应链系统各个节点企业之间的合作关系,进而提高企业乃至整条供应链的竞争实力,有必要通过有效的方式在供应链上结成更为紧密的战略同盟关系,即实现旅游供应链协同。

（2）对供应链协同效应的追求

旅游供应链上的各个节点企业通过全面、深入的协同合作所产生的总体效益往往要大于单个企业独立运作产生的效益的总和，即产生"1＋1＞2"的效果，这就是协同效应。协同效应产生的原因主要有以下几个方面：首先，供应链协同使得各个主体之间实现对资源和业务行为的共享和再分配成为可能，由此产生的规模效益可有效降低经营和运作成本；其次，供应链协同带来的信息和知识共享，可以为各个主体在市场营销和产品研发方面节省大量的投入，先进的知识和技能也可以使供应链上相关领域的其他企业获得直接的收益；另外，对于供应链产品的外在形象的共同打造，同时有利于供应链整体以及所有的节点企业的形象提升。因此，供应链协同效应的产生，是供应链协同状态及协同程度的集中体现，也是供应链协同行为追求的重要目标。

2.旅游供应链协同相关研究综述

旅游供应链协同尚属较新的研究领域，相关的理论研究为数不多，其研究的基础则来自学者们关于旅游供应链和供应链协同的研究成果。国外学者的研究内容主要涉及四个方面：

①旅游供应链协同的引发因素。包括内部因素（Fawcett et al.，2012）、关系因素（Tsanos et al.，2014）和技术因素（Hofer et al.，2014）。

②旅游供应链协同与企业绩效之间的关系。认为供应链的协同关系可以给企业带来积极的正面影响（Sanders et al.，2016）。

③影响旅游供应链协同的因素分析。企业战略、合作伙伴关系、企业文化、决策和共享机制、利益分配机制等会对旅游供应链协同产生影响（Rosenzweig，2009）。改善合作伙伴关系对于实现旅游供应链协同有积极作用，同时还要制定有利于旅游供应链协同关系实现的政策

（Yildirim et al.，2018）。

④旅游供应链协同与环境管理。Babu 等（2018）指出在酒店的供应链中将环境监测和环境协同等可持续性做法与供应商、核心企业和顾客相结合，会产生积极的影响。

国内关于旅游供应链协同的研究稍晚于国外，学者们的研究主要涉及三个主要的方面：

①概念的界定和内涵分析。旅游供应链协同是指整个旅游供应链（包括旅游供应商、分销商及游客等）依靠上下游企业之间资源与信息共享及业务合作的方式，使得旅游供应链的共同目标得以实现的方式（伍百军，2013），通过协同创新能获得单个主体无法企及的整体创新效果（陈阁芝 等，2017）。

②影响旅游供应链协同的因素分析。贺金霞（2017）指出协同作用的产生需要系统具备开放性、非平衡性、涨落及自组织等前提条件。

③旅游供应链协同模型构建。王玖河、杨阳（2013）提出了以游客满意为中心、以景区为核心企业的旅游供应链新模式。张浩元、白华（2015）构建了基于 CPN（建模软件）的旅游供应链协同需求预测仿真系统。

3.旅游供应链协同的作用分析

（1）有利于缩短供应链响应时间

在日益激烈的市场竞争环境下，游客的需求和期望不断变化和提高，对这些需求做出快速反应成为供应链之间竞争的焦点。时间优先将逐渐取代成本优先而成为供应链发展和应对竞争的重要战略。在协同性的旅游供应链网络中，管理的核心便是各节点企业之间的无缝对接和相关信息的高度共享，通过这种方式能够有效缩短旅游供应链反应的提前期，使得各个节点企业能够通过游客的需求变化适应性地及时调整自己的服务内容和水平,高效并有效地满足游客需求,最终提高游客对整条供应链的满意程度。

(2)有利于更好地满足游客个性化的需求

能否快速、高效地满足游客多层次、多样化的需求,是一个旅游供应链竞争实力的综合体现。随着大众旅游时代的到来,各种新兴的旅游方式,如自驾游、自由行、穷游等为越来越多的旅游者所接受,这些旅游方式的普及伴随着游客个性化和定制化需求的增加,给旅游供应链的服务能力带来了极大的挑战。而旅游供应链协同可以使游客定制化需求的实现在现代通信技术和网络技术的支持下成为可能。例如,在自助游中游客可以通过电脑和移动端预订机票,完成后可以通过相应链接预订接机服务和目的地城市的酒店、景区门票,查询目的地城市的特色餐饮等。在游客预订结束后,供应链中的各个旅游供应商则可以第一时间根据预订要求安排服务,确保整个旅游行程中各个节点企业之间的无缝对接。

(3)有利于降低需求不确定带来的影响

游客的需求具有不确定性,使得旅游供应链的需求难以预测,并带来需求信息差异在传递过程中出于被放大的现象,从而产生牛鞭效应,造成供应链的整体运营成本增加。通过协同管理,旅游供应链的节点企业之间可以达到较高的信任度,通过订单、销售、库存等信息的共享,实现风险共担和收益共享,从而有效防止牛鞭效应的发生和影响,提高供应链需求预测的准确率,减少由于需求不确定或者预测不准确带来的损失,进而提高旅游供应链的整体竞争实力。

(4)有利于新的旅游产品的开发和推广

新的旅游产品的开发需集中较多的人力、物力和资金,如旅游景区的投资开发和推广,是一个投资大、收益慢的过程。如果由单个或少数几个企业来完成,具有较大的经营风险。而在供应链协同管理的前提下,多个企业之间相互协作、通力配合,一方面可以为新的旅游产品的开发和推广提供更为丰富和全面的技术和管理人才;另一方面,这种协同开发的方式也可以大幅减小每个参与企业的资金压力,更有利于长期性战略的实施。同时,对于新的旅游产品的推广和传播,不但能加快其速度,还能扩大其覆盖范围。

(5)有利于企业领导和员工能力的提升

旅游供应链上任何一个节点企业的失职或是错误都会降低游客对整条供应链的满意程度,因此各个节点企业员工的能力和素质将直接影响整条供应链的服务能力,进而影响整体满意度。协同性的供应链为企业和企业的员工提供了多层次和多方位的交流和互动平台,不但为员工学习并掌握先进的技术和理念、提高素质以适应企业和供应链的发展提供了更多的机会和可能,同时,这种交流与互动也有利于企业领导人在战略管理层面相互学习和借鉴,以促进企业管理水平的提升。

(6)有利于提高旅游供应链解决问题和应对突发事件的能力

由于旅游供应链系统自身所具有的复杂性和需求难以预测的特征,在供应链管理过程中常常需要处理一些突发事件,例如订单被临时取消、游客遇到人身或财产安全问题、航班延误等。在具有协同性的旅游供应链系统中,企业可以按照预案启动相应的突发事件处理程序,并通过供应链内部的信息管理系统对所发生的事件和处理方式向所有供应链节点企业进行通报,以便帮助其他成员及时采取应对措施,努力将企业及供应链的损失降至最低。

(7)有利于实现协同创新效果最优化

创新作为企业发展的原动力和获取竞争力的重要支撑,越来越受到人们的重视,供应链创新更是能带来单个企业创新无法企及的效果。

在协同管理的旅游供应链中,某个节点企业的创新势必引起其他节点企业作出相应的反应来迎合这种创新的需要,这就有可能引发另外的创新,呈现出一种"病毒式"的连锁反应,创新也将由一个点逐渐蔓延到整个供应链。由此可见,供应链协同管理可以为旅游供应链营造一个支持和鼓励创新、"以创带创"和"以创促创"的良好氛围。

4.旅游供应链协同的层次分析

旅游供应链是一个具有开放性、复杂性和适应性的系统,对于其协同层次的分析,不同的学者有着不同的观点和划分标准。本书引用学术界认可度最高、应用最为广泛的划分标准,把旅游供应链协同划分为战略、战术和技术三个层次的协同。

(1)战略层协同

战略层次的协同是旅游供应链协同中的最高层次,是基于旅游供应链协同的思想从企业战略的高度与其他节点企业就资源、技能和核心竞争力等方面的内容进行沟通、交流和共享,共同制定企业长期目标和未来发展方向,并就供应链整体资源配置的方案进行协同安排,从而实现供应链整体竞争力提升的形式。战略协同的目标是从供应链的角度对节点企业的资源进行合理、有效的重新配置,最终使有限的资源发挥最大的效用。战略层协同是其他两个层次协同的基础,可为其他两个层次的协同在实施和问题解决过程中提供原则性的指导和决策依据。

(2)战术层协同

战术层次的协同是旅游供应链协同研究和实践的中心问题,对供应链协同运作的效果起关键作用。各个节点企业在旅游供应链战略协同原则和理念的指导下,以彼此之间不断增进的信任和相互协作配合的默契程度为基础,使整个旅游供应链中所需要完成的任务和业务活动在企业间顺畅对接、统一协调和优化分配,使运作过程中的各种冲突和矛盾得到合理解决,以保证旅游供应链整体目标的实现和收益的最大化。在旅游供应链中,战术层面的协同一般包括旅游产品开发协同、客户关系管理协同、服务供应能力协同、服务质量管理协同等方面。

(3)技术层协同

技术层面的协同是战略层和战术层协同得以实现的支持和保障,是实现整个供应链协同的底层基石。技术层协同是基于旅游供应链中协同技术的应用和推广,各个节点企业能够在沟通平台上通过信息的实时交互共享实现相应职能部门之间的同步运作与信息协同,从而使得运作和合作情况更为透明,旅游服务的供应更为顺畅,同时还能有效提高企业及供应链决策的效率和效果。技术层协同包括两个方面:其一,旅游供应链中信息技术的协同,支持技术主要有电子数据交换(electronic data interchange,EDI)技术、全球定位系统(global position system,GPS)技术、数据库技术(database technology)等;其二,供应链的节点企业内部各个职能部门之间的协同,支持技术主要包括多智能体技术(multi-agent technology,MAT)、工作流管理系统(workflow management system,WFMS)技术、企业资源计划(enterprise resource planning,ERP)等。

5.旅游供应链协同行为相关研究综述

总体来看,基于行为理论对供应链的协同行为展开研究的成果为数不多,特别是针对旅游行业展开的供应链协同行为的研究仍是空白。学者们在对供应链及供应链系统展开研究的过程中都曾强调了供应链协同行为的产生对于整个供应链实现协同化运作的重要性。孙鹏

(2012)在其研究中指出,供应链系统中的各个主体在特定的协同环境下按照协同机制实施协同行为,有助于整个产业间实现协同运作。Paulraj等(2008)强调应该将协同行为看作供应链中调节战略性和结构性二维关系的关键变量。也有不少学者对供应链协同行为的内涵进行了界定,根据产生主体和实施对象的不同将供应链协同行为分为外部协同行为和内部协同行为(张艳,2014)。内部协同行为指的是企业内部基于整个战略的高度产生的所有业务环节朝着相同目标共同努力的行为。外部协同行为则是指供应链不同企业之间基于协同关系而产生的一致性的战略、战术和具体运作的行为(曾文杰,2010)。桂晓苗(2013)指出,节点企业之间的协同行为是与其之间的竞争行为相对的,主要涉及节点内外部信息、政策、技术、管理、资金等资源的共享,以及节点各方在产品生产、传递、消费过程中的行动一致。另外,也有学者结合特定领域和行业对协同行为进行了探讨,单璐等(2007)在从协同竞争力方面对协同绩效进行评价的过程中指出,协同行为过程、协同效果和协同的实现方式等指标是对协同绩效进行评估的重要结构性指标。冯良清(2012)以波音公司为例,对服务型制造供应链网络中节点企业的质量行为进行研究,从质量序参量、服务核心能力、局域涨落以及质量改进方向四个方面提出了节点模块化质量协同行为的控制对策。李全喜等(2015)从供应链企业联盟关系的角度,剖析供应链企业之间层层递进的知识协同过程中的知识协同行为,并构建供应链企业知识协同过程模型。李莉等(2017)从跨企业协同信息管理角度出发,认为供应链协同行为包括协同计划行为、协同管理行为、协同合作行为和协同信息化方法四个方面。

关于影响供应链协同行为产生的因素,桂晓苗(2013)认为协同行为的产生源于节点之间以共同目标为基础的协调与共享,而对于共同目标的理解和执行,处于供应链中不同地位的节点存在差异。也就是说,在供应链中处于不同结构位置的节点企业对于供应链协同目标、方式、结果等的理解是不一样的。这也导致了其协同行为产生方式的极大差异。彭建仿(2011)在对农产品供应链协同问题展开研究时指出,构建合理的供应链组织模式是协同行为产生的基础,处于该组织中不同位置的企业和个人结合自身特点树立协同意识、提高协同能力则是供应链协同行为产生的关键。这进一步说明了供应链网络中处于不同结构位置的企业在供应链协同观念和协同行为上表现出来的特殊性。白如彬(2012)在其研究中指出,供应链中的关键人员(在供应链中处于核心地位的个人或组织)对于跨组织间协同关系的构建和其他节点协同行为的产生具有显著的影响。可见,处于核心地位的个人或企业对于整个供应链的协同关系的建立与非核心的企业和个人相比更为突出和显著。

(四)国际旅游相关研究综述

1.国际旅游的内涵

国际旅游活动的出现最早可以追溯到中世纪以政治和文化交流为目的的出国考察和商业旅行,如唐代旅行家杜环和元代航海家汪大渊等的远渡重洋;盛唐时期外国使者、商人、学者、僧侣等的来华访问都属于国际旅游的形式。然而对于"国际旅游"这一概念的界定是在1937年,国际联盟(League of Nations)统计专家委员会将其定义为:旅游者离开自己居住的国家到另一个国家访问超过24小时以上的旅游活动。简言之,国际旅游即跨越国界的旅游活动,包括入境旅游(外国居民到本国的旅游活动)和出境旅游(本国居民到他国的旅游活动)两种形式。具体地说,国际旅游的内涵包含五个方面:其一,旅游者前往旅游的目的地是跨越国境的另外一个国家;其二,旅游者不以所从事的旅游活动获取报酬为主要目的;其三,旅游活动的形式可以是休闲、娱乐、观光、度假、探亲访友、就医疗养、购物、参加会议或从事经济、文化、体育、宗教等活动;其四,旅游者在境外连续停留的时间不超过 1 年;其五,因工作或学习在国内和目的地国家(地区)之间有规律往返的活动不属于国际旅游(蔡家成,2000)。由此可见,我们讨论的国际旅游,实际是包括了出境旅游、入境旅游和边境旅游这三种旅游活动形式。

2.国外关于国际旅游的研究综述

早期的国外研究主要是对国际旅游的内涵及其对政治和社会等产生的影响进行研究,如 Richter(1979)对国际旅游与国家政策和社会发展之间的关系进行了辨析。Carlson(1980)通过对比研究的方法对国际旅游和国内旅游的特征进行了对比研究。80 年代后期,研究者开始逐渐将关注的焦点转向国际旅游的结构变迁及其对社会结构、人口等问题的影响,如 Gosar(1989)就国际旅游结构的变化对塞尔维亚的社会结构和年轻一代的就业产生的影响展开了论述。Bevilacqua 和 Casti(1989)就国际旅游的结构以及国际旅游的发展为意大利威尼托地区带来的急速变化进行了阐述。90 年代后国际旅游与环境保护,国际旅游的可持续发展问题,以及国家之间、企业之间的合作问题逐渐进入研究者的视野。如 Katircioglu(2014)以土耳其为例就国际旅游发展带来的能源消耗和环境污染等问题展开了分析。Lin(2014)就影响国际医疗旅游中旅行社与医疗保障组织的伙伴关系质量的外部环境不确定性、信任和资源依赖性等因素进行了分析。部分学者开始从较为微观的角度对国际旅游中影响顾客需求的因素,以及顾客需求预测等内容进行探索,例如 Lim(1997)在对不同国家的多种类型的数据进行分析的基础上,基于功能特性构建了国际旅游需求的线性模型,用以分析不同变量对国际旅游需求的影响。Nordstrom 和 Jonas(2004)运用仿真的方法对不同国家的不同时间结构的数据进行分析,构建了国际旅游的动态需求预测模型。关于国际旅游需求变化的研究在 2010 年之后变得更加深入和具体,例如 Cró 等(2017)运用结构性破坏测试的方法就危机和灾难对国际旅游需求造成的影响进行分析。Kim 等(2018)以安倍经济学为例,就经济政策对国际旅游需求造成的影响进行了分析。

3.国内关于国际旅游的研究综述

国内关于国际旅游的研究始于 20 世纪 80 年代,早期关注的内容主要是国际旅游的内涵、特性及其重要性的分析,例如蔡万坤(1984)对国际旅游的内涵进行了界定,总结了国际旅游未来发展的趋势和具有的特点。90 年代后,关于国际旅游研究的视角和内容逐渐丰富起来,总结起来共包含四个方面的内容:其一,中外旅游合作机制研究。例如赵明等(2004)以黑龙江省中俄边境段的实例作为基础,探讨跨境旅游资源国际合作开发模式。赵政原(2018)按照不同地域具体分析了"一带一路"沿线的地缘、政治、经济特征以及中国应当采取的合作模式,并对跨国旅游合作的意义和前景展开了分析。其二,国际旅游市场营销研究。例如,程道品(1995)基于广西接待国际游客的数量和特征等数据,对广西国际旅游市场展开了分析,并针对性地提出了开发策略。王雨韩(2018)针对海南国际旅游岛存在的诚信缺失、价格涨幅较大与价格监管机制不完善等价格机制问题进行了研究,并对采取科学调整价格管理方式、简政放权完善价格管理机制、规范定价流程提高听证会的科学性和可行性进行了论证。其三,国际旅游目的地建设研究。此类别的研究数量明显高于其他类别,许多学者结合中央和地方的相关战略和政策,从多种角度开展了宏观、中观和微观不同层面的研究。例如不少学者围绕"国际旅游岛""一带一路""国际旅游消费中心"等的建设、实施、发展等方面进行了许多的研究。如姜先行(2006)从跨文化交际的角度出发,对深圳市国际旅游软环境的建设提出了对策和建议。杜明娥(2010)以构建人与自然的和谐发展为目标,对海南省在国际旅游岛建设中的可持续发展问题进行了思考。谢彦君等(2019)探讨了在新的国家战略——"国际旅游消费中心"中寻求旅游发展重新定位的必要性和实现路径。其四,国际旅游产业研究。如王海鸿等(2008)运用偏离—份额分析法和灰色系统关联度法,对甘肃国际旅游产业结构进行了分析,指出其中存在的问题并提出对策建议。盛学峰等(2009)采用了与王海鸿等相同的方法,对安徽省国际旅游产业结构的竞争优势以及国际旅游产业各部门收入与国际旅游总收入之间的关联性进行了分析。李敏纳等(2019)采用产业区位基尼系数、地理集中率、产业梯度系数和回归分析等,从不同层面分析了国际旅游岛建设以来海南省产业空间分异格局及其驱动机制。

4.中国和越南国际旅游相关研究综述

自 1992 年广西壮族自治区首先开展中国和越南边境旅游业务以来,中越边境旅游的发展已有 20 多年,相关研究也在不断跟进。2004年,两国领导人提出"两廊一圈"合作建议,廖国一(2006)、廖建夏(2014)分别对"两廊一圈"建设与中越旅游合作、中越"两廊一圈"生态文明建设等提出了建议。还有学者从边境旅游的合作机制和营销机制方面提出了观点和意见(孟维娜,2016;刘建民,2012)。2010 年,中国-

东盟自由贸易区建成,学者们逐渐把研究重心集中到中国-东盟自由贸易区框架下中越国际经济及旅游合作的发展(袁珈玲,2014)。2013年,"一带一路"倡议提出,学者们围绕"一带一路"新时代背景下中越边境旅游面临的机遇和挑战展开研究。王娟、明庆忠等(2018)对广西和云南两省区在边境旅游资源、经济水平、区位条件及"两区"建设等方面进行对比的基础上提出了促进两省区边境旅游合作发展的机制和策略。

5.对相关研究的简要述评

通过对相关文献和研究的分析可以看出,国际旅游供应链相关研究领域产生了不少的研究成果,为本书的研究奠定了一定的理论基础,但是仍然存在如下几个有待完善的地方:

①关于中国与东南亚各国的旅游企业间合作的研究总数较少,研究角度多从宏观的、国家政策的层面入手,研究方法多以理论分析为主。

②旅游供应链协同的研究中,关于协同机理的探究比较粗略,从微观层面对旅游供应链主体协同行为的成因机制进行探讨的文献较缺乏。

③大部分研究只关注了旅游供应链各主体的属性特征,缺乏对各主体之间关系及其在供应链中的结构特征的探究。

三、国际旅游供应链研究重要概念界定

（一）旅游供应链的相关概念界定

1.旅游供应链的内涵分析

1975 年，有关旅游供应链的描述首次出现在联合国世界旅游组织的报告中，报告中虽然没有明确使用"旅游供应链"一词，但其中反复提到的"旅游分销渠道"所描述的对象，其本质与旅游供应链基本吻合。此后，学者们的研究中对旅游供应链的描述普遍存在旅游供应链和旅游服务供应链两种情况，这二者的本质基本一致，可相互通用。在旅游供应链概念出现后的三四十年间，基于制造业和零售业供应链的理论基础，并结合旅游行业的特殊性，学者们从不同的角度对旅游供应链展开的研究和获得的成果已非常多，但更多的是对这个概念的直接应用，而对于"旅游供应链"内涵和外延的界定却很少。目前，普遍公认的定义有以下三种。

其一，Page 于 2003 在其《旅游管理：变革管理》（*Tourism Management：Managing for Changing*）一书中指出，旅游行业是由不同的活动、利益相关者和业务功能组合起来而形成的独立的供应链。虽然 Page 并没有明确指出"旅游供应链"是什么，但他第一次从供应链的视角对旅游业的本质进行了完整概括。其二，Tapper、Font（2004）的定义显得更加详尽并具有可操作性,他们认为旅游供应链应当是以为顾客提供产品和服务为目的,包括食、住、行、游、娱、购等旅游关键要素在内的供应商,以及对旅游业的发展起支持作用的目的地基础设施等方面的供应商都应当包含在这个链条上。其三,Zhang 等(2009)认为,旅游供应链是一个由所有参与旅游活动的主体共同构成的网链结构组织,其中包括游客、旅游企业和公共部门等。还有的学者从不同的角度对旅游供应链进行了界定,如 Ellram 等(2004)从管理的角度出发,认为旅游服务供应链是一项旅游服务从供应商到客户的过程中发生的包括信息、流程、能力、绩效和资金在内的一系列管理活动的总和。Yilmaz、Bititc(2006)从价值链角度出发,指出旅游供应链是一个以满足旅游者的需求为目的,从旅游六要素供应商到旅行社等中介,再到旅游者的一个价值传递过程。

近年来,随着科技的进步和旅游业的不断发展,旅游供应链的内涵和外延都得到了不同程度的延展。Muhammud(2017)认为,旅游供应链作为服务供应链中的一种,是一个由不同的组织组成的系统,这些组织在供应商和客户之间建立了联系。旅游供应链管理需要发展效率、可持续性和盈利能力,因为供应链网络在上游和下游之间,无论是商业企业或是非营利性的业务实体都是错综复杂的。Masa'deh 等(2017)认为旅游供应链是一组协作和关联活动,由几家公司共同在价值创造过程中为游客提供有价值的旅游服务或产品组合。虽然学者们对于旅游供应链的概念表述各不相同,但已达成三点基本共识:①旅游业的特殊性决定了旅游供应链结构的复杂性;②旅游供应链的主体涉及广泛,每一个主体均可作为一个独立的子系统;③旅游供应链是一个网络结构而非链条结构。

国内关于旅游供应链的概念尚未形成统一的认识,对其进行界定时多是以借鉴国外的研究为主。旅游供应链的内涵有广义和狭义之分,广义上的旅游供应链包含了所有参与旅游活动的企业和组织,既包括旅游产品或服务的直接供应商,也包括间接供应商以及公共部门(潘翰增,2011),而狭义的旅游供应链不包括间接供应商(杨晶,2009)。杨树(2008)从广义上将旅游供应链界定为:所有通过直接或者间接的方式参与生产和为游客提供与旅游有关的服务、信息、金融或者有形产品主体的集合。李万立等(2007)指出旅游供应链是以旅游吸引物为核心,包含旅游产品设计、生产、组合、销售等环节,最终支持游客到此地并促使其进行各种形式消费的组织和企业在内的整体网链结构。还有不少学者从其他不同的角度出发,对旅游供应链进行了界定。慕晓峰和赵洁(2010)从旅游产品角度出发,提出旅游供应链是旅游产品围绕供应商、旅行社、旅游者流动而形成的网链结构。郑四渭和王玲玲(2010)、黄立国(2010)结合旅游业的特点指出,旅游供应链是将相关旅游产品组合起来共同满足游客需求的链条,即以共同为顾客创造价值为目的,将旅游六要素的供应商有机结合在一起的链条。

综上所述,在信息技术和互联网技术被广泛应用于各行各业生产活动的今天,旅游供应链可以被定义为:旅游供应链系统中的主体为了更好地在满足游客需求的基础上实现供应链盈余,基于旅游网络系统和信息技术,通过共享、协同等方式将包含各类直接和间接旅游产品和服务供应商、旅游运营商和代理商以及游客在内的各个主体有机结合起来的网链结构。

2.旅游供应链节点企业的内涵分析

"节点"是一个较为抽象但应用很广泛的概念,最早对此概念的应用出现在计算机网络和通信网络中,《汉语大辞典》中将其定义为"电路中连接三个或三个以上支路的点"①。简单说,节点就是某个大环境中的一个点或者具有相同特性的点组成的点集。在社会网络分析法中通常用点来表示社会网络中的行动者,这里的行动者可以是一切个体、社会实体或者事件。

旅游供应链是一个复杂的网链式结构,由直接供应商、间接供应商、旅游运营商、旅游代理商、游客等组成,这些都可视为旅游供应链这个大环境中相互作用和影响的"点"。因此,这里所说的旅游供应链节点企业,是指由旅游供应链中的企业抽象而成,并按照一定的顺序连接起来的点的总称。节点与节点之间既体现出一种长期合作的关系,又存在一种需求与供应关系。

3.旅游供应链核心企业的内涵分析

供应链的概念最早来源于制造业和零售业,因此,核心企业的概念也最早应用于这两个行业的实践活动当中。在制造业的供应链概念模型中,核心企业是供应链获得整体竞争优势和利润最大化的关键,它通常能够通过制定统一的标准而对供应链的整体业务流程进行统领,或是在必要时对该流程进行重组。从理论上讲,核心企业可以是供应商、制造商、分销商或零售商中的任何一个。综合前人的研究,可以将供应链核心企业定义为:供应链中具有一定的影响力、吸引力和融合力,在供应链运作和管理中起主导作用的企业,是供应链中的信息交换中心、物流集散的调度中心、资金的结算中心和统筹规划的协调中心。在传统的制造业供应链中,核心企业大多是居于供应链中间部位的制造商,但随着供给侧改革的不断深入和供应链管理模式的发展变化,核心企

① 汉语大辞典[DB/OL].(2015-03-01)[2019-03-09]. http://www.hydcd.com/cd/htm7/ci136302k.htm.

业的位置也将逐渐向着距离消费者最近的企业方向演变。

旅游产品具有综合性特征,以及旅游业中生产与消费的同步性特点,使得旅游供应链中核心企业的演变错综复杂。综合前人的研究成果来看,旅游供应链中"核心"企业的确定取决于该企业在供应链中对上下游资源的掌控能力,且不是固定不变的。理论上,旅游供应链系统中的任何一个企业都可能成长为核心企业。目前常见的结构模式包含以旅行社、景区、酒店、旅游电子商务网站、主题公园等为核心企业的多种形式。在旅游供应链中,可以将核心企业定义为:在整个旅游供应链中位于最关键的环节并具有独特的核心竞争力,能在旅游供应链中发挥应有的影响力、吸引力和融合力,在信息交换、资金结算、技术创新、统筹规划等方面发挥着不可替代作用的企业,是整个供应链的信息交流中心、资金结算中心和客流集散中心。

(二)协同与协同学的概念界定

1.协作、协调与协同的概念辨析

在对协同的相关原理和理论进行阐述之前,有必要先对相关的概念进行辨析和描述,以便为后续的分析和研究奠定基础和划清边界。笔者通过对大量管理领域的研究文献进行梳理发现,关于管理中"协同"的认识过程,是随着管理实践的需要和管理环境的变化而不断转变的。管理学研究中"协同"观念的历史演进可以概括为三个阶段,不同阶段关注的焦点可以对应地用"协作"、"协调"和"协同"三个概念加以概括。表 2.4 对这三个概念的含义、产生的动因、表现出来的特征以及在当时具有代表性的学者进行了汇总。

表 2.4　协作、协调和协同的概念和特征汇总

概念	产生动因	概念	特征	代表学者
协作	劳动分工	协作就是通过集合多个人的劳动和能力，使得整体的劳动变得比个别劳动的简单累加更加有效。	协作最基本的特征就是各个独立劳动组合搭配	Adam Smith(1977) 卡尔·马克思(Karl Marx,1975) 丹尼尔·雷恩(1997)
协调	提高劳动效率和节约劳动消耗的需求	协调就是指企业的一切工作都要和谐地配合，以便于企业经营顺利进行，并且有利于企业的成功	协调的主要特征就是在集合个别劳动要素的基础上，进一步考虑这些劳动要素在时间上和数量上的配合，从而实现资源和效率的最大化	亨利·法约尔(Henri Fail,2014) L.Gulick(1987) Elson Mayo(1991)
协同	供应链管理、企业文化建设、企业创新氛围营造等的需求	协同指的是远离平衡态的开放系统在与外界有物质或能量交换的情况下，通过子系统之间产生相互作用，自发地出现在时间、空间和功能上的有序结构。这种转化过程反映着自然界和社会不断发展与演化的机制	管理中协同的主要特征在于，利用相连的要素和环境条件，造就系统的整体趋势从而形成系统性质的飞跃变化。在探讨协同要素之间的关系时，更多的是研究要素产生的整体效应	哈肯(H.Hake,1987) 安德鲁·坎贝尔(2003) 魏宏森(1983)

资料来源：作者根据文献整理。

2.协同学的概念界定

"协同学"(synergetics)一词来源于希腊文，其含义是"协同工作"。最早把协同思想引进管理学的是美国战略管理学家伊戈尔.安索夫(Igor Ansoff,2010)，他在《公司战略》(*Stratigic Management*)中指出，协同效应是系统中各业务单元之间通过合作而实现的一种联合效应，目的是通过协同提高系统的整体收益，使其大于各业务单元独立活动

时产生的收益的总和。哈肯(1987)对协同学提出了更为统一和系统的认识,他认为无论是自然界还是人类社会的事物和活动,都可以看作是一个大系统中的无数子系统相互作用、相互关联的过程。而这种子系统之间的相互关系存在有序和无序两种状态,这两种状态在某些特定的条件下可以相互转换。哈肯把无序的状态看作混沌,而把非平衡状态下的有序称为协同。

此后,还有很多学者对协同学进行了界定。张令荣(2011)认为协同的本质就是各独立单元或要素围绕系统的共同目标,通过相互协调消除彼此之间的壁垒与边界,从而实现更为有效和高效的资源开发、配置、利用和增值,最后产生"1+1>2"的效果的过程。协同学是研究两个或两个以上不同的系统单元或要素,通过协调和配合,合力实现预定的共同目标的过程或能力的科学。何国军(2014)认为,协同学研究的对象是两个及以上的个体或者资源部门的合作问题,研究目的是使这些个体或单元能够协调一致地完成某个统一的目标或任务。归结起来,协同学是一门研究不同系统内部各子系统之间通过相互矛盾和协调的过程,促使系统生成新的有序状态,并呈现新的特点和规律的科学。

结合前人的研究,协同学可以被定义为一门可用以研究包括自然系统和人类社会系统在内的一切系统内部各部分,即子系统之间相互关系的科学。通过各子系统的相互协作,可以使系统达到一种新的非平衡的有序状态,即协同。

根据哈肯教授的协同学思想,系统中的各部分进行相互协作,可以使系统在整体上形成微个体层次无法实现的新质结构和特征。一切开放的系统,不论是自然系统还是社会系统,在特定的条件下都会呈现出非平衡的有序结构,基于这种结构,就可以运用协同学的思想加以分析。协同学是在系统论、控制论和信息论的基础上发展起来的"新三论"科学理论之一,其研究的重点是系统和系统之间相互作用和变化的规律。协同学不仅从哲学范畴提供了一种全新的分析和解释系统运行的视角,也是一种全新的科学定量分析工具。应用协同学对旅游供应链系统进行分析,是从微观视角出发对宏观现象的探究,有助于把握旅游供应链系统中不同层面各个环节的相互关系和协同状况。

(三)供应链协同及供应链主体协同行为的概念界定

供应链实质上是一条广义的价值链,供应链协同是供应链管理中最核心的问题,它涉及供应链上各主体之间行为和决策的协调、合作以及价值分配等(庄亚明 等,2010)。简单来说,供应链各主体密切配合、各程序无缝对接即为"协同"。

早在20世纪60年代,Clark和Scarf(1960)在对多级库存分销系统进行研究的过程中,就提出过供应链协同的思想。但是对"供应链协同"这一概念的界定一直到20世纪90年代以后才逐渐出现。1999年,著名供应链管理专家David Anderson & Lee首次正式提出"供应链协同"的概念,并指出供应链协同是供应链管理的核心思想,是新一代供应链管理的战略思想。进入21世纪后,供应链协同管理的理念被越来越多的企业认同和应用,供应链协同管理相关研究也更为深入。在Beamon(1998)的研究中,供应链协同被定义为:供应链上的成员因为某种激励作用而追随其中某个成员来改变自己行为,从而实现供应链的均衡决策和整体利润最优的过程。美国微软公司则指出,通过实现供应链协同可以提高对消费者的服务质量,从而提高消费者的忠诚度;同时还可以减少企业库存和供应链成本,从而提高市场竞争力(Ellram,2002)。Manthou等(2004)将供应链协同界定为供应链上的节点企业为了提高供应链的整体竞争力彼此之间相互配合、共同努力的行为。

国内也有许多学者对供应链协同进行了界定。邹辉霞(2007)认为,供应链协同是指,基于供应链的整体目标,各个节点企业之间紧密联系、无缝对接,通过共同制订和实施各项管理职能、共同承担责任和风险的方式使得供应链系统向着更加有序的方向发展和优化。崔琳琳和柴跃挺(2008)在对供应链中节点企业各自的收益与供应链系统整体收益之间的关系进行对比分析的基础上指出,供应链协同是指供应链上的各个节点企业在某种契约规范或合作机制的约束下,以满足自身可以获得的收益为前提,达到供应链整体收益最大化的状态。唐晓波和黄圆媛(2005)则认为供应链协同管理就是以供应链整体效益最大化为目标,通过连接供应链中的各个子系统,并使它们保持长效的沟通与合作,最终共同创造总价值的过程。庄亚明等(2010)认为,供应链协同管理是指供应链上的核心企业通过借助先进的信息技术和管理方法,在对供应链上分布的资源进行集成和二次分配的基础上,动态管理各节点企业间的协调运作和无缝对接行为,对供应链上的不良涨落加以抑制和减弱,同时对良性涨落进行激励和放大,最终实现供应链的价值创新。

以上述研究为基础,本书也对供应链协同进行了界定。供应链协同指的是供应链系统中的各个主体以供应链整体盈余和绩效提升为共同目标,通过先进的信息技术手段为供应链的各个子系统之间实现共同决策、协调合作、信息共享、无缝对接等一体化运行手段提供保障,从而使系统中的物流、商流、信息流、资金流、知识流等向着更为有序的方向发展,实现供应链系统的自组织化的过程。在对供应链协同的概念进行界定之后,供应链主体的协同行为就更加易于理解了。供应链中各个节点企业即为供应链的主体,其在日常的计划、组织、领导、控制等管理过程中所表现出来的各种以实现供应链协同管理为最终目的的行为即为供应链主体的协同行为。

(四)社会网络结构位置相关概念界定

1.个体网络中心性的概念界定

社会网络结构位置(social network structure position,SNSP)是社会网络分析法中一个最为重要和核心的概念。社会网络分析(social network analysis,SNA)也被部分学者称为结构分析,既是一种分析方法,也是一套完整和成熟的理论体系,是对社会关系结构及其属性加以分析的一套规范和方法。社会网络分析主要分析的是不同个体、群体或社会所构成的关系的结构及其属性。社会网络结构位置即是从结构的层面对关系网络中各个单位所取得和控制资源的可能性进行描述的概念,一般用个体网络中心性(individual network centrality,INC)来进行衡量。根据 Freeman(1979)的观点,对于中心性的研究可以从程度中心度(degree centrality)、紧密中心度(closeness centrality)、中介中心度(betweenness centrality)以及特征向量中心度(eigenvector centrality)几个方面进行,其中前三种最为常用。根据旅游供应链的特征和研究的目的,本书采用程度中心度对旅游供应链中的节点企业的网络结构位置进行描述。

(1)程度中心度

是衡量个体在网络中的中心位置、社会地位以及权力的最重要的指标。拥有高程度中心度的主体,在网络中一般都具有主要的地位。

在社会网络中,内向程度中心度常常可以用来说明一个行动者在网络中的被接纳程度和受欢迎程度,而外向程度中心度则可以用来说明该行动者的影响力。程度中心度越高,说明其与别人的联系越多,朋友圈越广,受欢迎程度越高(或影响力越大)。

(2)紧密中心度

是根据网络中某节点与其他节点之间的距离来计算该节点的中心度的方法,所测量出来的所有点的中心度的总和就是该网络的紧密中心度。网络中各节点之间的总距离越短,说明该网络的紧密中心度越高。

(3)中介中心度

常常用来测量行动者对资源、信息以及其他行动者的控制程度,表示一个行动者在网络中充当其他特定的两个行动者的"中介"的程度。在网络社群图上,如果一个点处于其他点对的捷径(最短的途径)上的情况越多,我们就说该点具有较高的中介中心度,其对应的行动者往往具有沟通桥梁的作用。

2.人际网络的概念界定

运用社会网络分析方法对人际关系网络进行研究时,通常将社会网络划分为情感网络、咨询网络和信任网络三种不同的网络,而对供应链上的节点企业之间网络关系的研究,却很少有学者提出划分的方法。基于 Peck 和 Juttner(2000)等的观点以及旅游供应链运作中的实际情况,可将旅游供应链节点企业之间的关系划分为权力、契约和信任三种不同的网络。这三种网络也是旅游供应链中各个节点企业重要关系的直观反映,因此,节点企业的社会网络结构位置是指旅游供应链网络中的节点企业在权力网络、契约网络和信任网络中所处的地位。

（1）权力网络

是影响社会资源分配的重要力量，指的是某一社会单位对社会单位所产生的影响和施加的控制（Weber，1947）。因此，旅游供应链中节点企业的权力网络程度中心度是指节点企业在旅游供应链网络中因为对其他企业产生影响、施加控制等方面程度的不同而使其处于该网络中的不同结构位置的特征。权力网络中心度越高，表明该企业对网络中其他企业的影响力越大，支配性越强。

（2）契约网络

是多个单位或企业相互认可的，对双方的权利和义务进行明确规定，并在法律上具有约束力的协议（张丽 等，2010）。契约网络程度中心度是指在旅游供应链网络中，特定的节点企业与其他企业构建、履行合约关系的程度。契约网络中心度越高，说明与该企业建立契约关系的企业数量越多，该企业的履约信誉越好。

（3）信任网络

是为了简化人与人之间的合作关系而产生的情感依赖，在旅游供应链中，除了"权力"和"契约"，很多情况下都是通过企业之间的信任而建立起合作关系的（张侨 等，2004）。信任是社会关系的一个重要维度，信任既是关系的结果也是关系的源泉，对关系进行研究，就必定要考虑信任的产生和作用。节点企业的信任网络程度中心度指的是，在旅游供应链网络中节点企业获得其他企业信任并建立长期合作关系的程度。信任网络中心度越高，说明该企业在网络中得到其他企业认可和信赖的程度越高。

第三章 国际旅游供应链结构和协同行为研究设计与分析方法

随着市场竞争和信息技术的发展，人们逐渐认识到了协同在供应链竞争中的重要性。在制造业和零售业，关于供应链协同的实践以及理论研究已逐渐丰富起来，然而对服务行业的供应链协同的研究仍然较少。曾有不少学者从供应链的视角对旅游业的运行和发展问题进行了探讨，但对其协同性的探讨仍然以旅游供应链协同的内涵分析为主。在实践中，供应链协同对于旅游企业仍然是一个较新的概念，大部分企业对其内涵和作用有一定的了解，但能够真正运用到其供应链实践中的企业很少。然而，对于国际旅游供应链来说，由于涉及的旅游企业较多，同时受到不同国家政治、经济、文化、科技等方面的影响较大，实现旅游供应链协同将是未来国际旅游供应链管理的必然趋势和要求。旅游供应链是由具有各自独立意识和决策权力的单个旅游企业构成的，这些企业对于实现供应链协同所持的态度、意向以及基于协同理念所产生的行为都对于旅游供应链协同的实现产生最为根本和直接的影响。因此，从国际旅游供应链的网络结构入手，探讨节点企业的协同行为的成因机制，是后续开展旅游供应链协同机制、协同效应等更加深入的研究和实践的基础性工作。

云南省(简称:滇)是中国在"一带一路"建设中的重要省份,其北上连接丝绸之路经济带,南下连接海上丝绸之路,与越南拥有总长 1 353 千米的边境线,由于自然、人文和空间上的地缘优势以及边境核心城市之间的交流需求,中国云南与越南的区域旅游合作具有天然的优势。因此,以中国云南省与越南之间的国际旅游供应链作为案例来探讨国际旅游供应链的协同问题具有一定的典型性,研究的结果对于"一带一路"国家之间旅游供应链协同实践有一定示范作用和借鉴意义。

本研究采取整体社会网络分析法中的跨层次研究模式,分别从个体层次和网络层次两个层面对国际旅游供应链网络中各主体的结构特征和协同行为展开分析。

在个体层次的研究中,通过向 162 家旅游企业当中的中高层管理者发放调查问卷获取一手的调研数据,探讨协同行为的成因模式,分析供应链节点企业的网络结构位置对其协同行为的影响,并通过构建结构方程模型对研究假设进行验证。

在网络层次上,根据社会网络分析方法的要求,需要一个封闭的网络中所有成员(80%以上成员)同时对问卷进行填答,因此本书选取调查中问卷填答最完整的旅游线路"丽江—大理—昆明—老街—河内—下龙湾"所涉及的 49 家供应链企业的调研数据为基础,对该旅游供应链网络中的网络结构、各个节点企业之间的关联模式以及社会网络中的中心企业等进行分析,并通过构建回归模型对研究假设进行验证。

一、国际旅游供应链协同行为研究

（一）国际旅游供应链协同行为研究架构及假设

1.国际旅游供应链协同行为研究架构

本书从国际旅游供应链的网络结构位置分析入手，并以理性行为理论和技术接受模型为基础，构建了国际旅游供应链网络协同行为研究的个体层次的研究架构（见图 3.1）。

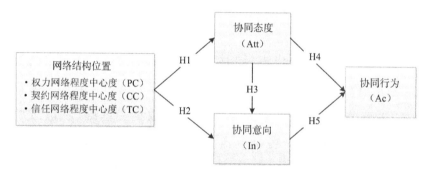

图 3.1　研究框架

在此研究架构中，国际旅游供应链节点企业的协同行为（Ac）是被解释变量；节点企业的权力网络程度中心度（PC）、契约网络程度中心度（CC）和信任网络程度中心度（TC）是自变量；企业对供应链协同的态度（Att）和意向（In）是中介变量。

2.国际旅游供应链协同行为研究假设

（1）节点企业网络结构位置与其协同态度和协同意向的关系假设

社会关系如何对行为与制度产生影响是社会理论中一个古老的话题，学者们的争论一直延续到现在，在这些思想对抗中产生的"镶嵌问题"（embeddedness）的观点强调行为和制度深深受到社会关系的限制。"镶嵌"一词最早由"实质论学派"的波兰尼（Polanyi et al.，1957）提出。该观点虽然自提出后便受到了部分学者的质疑和抨击，但却为大部分社会学家、人类学家、政治学家与历史学家所支持。社会关系网络理论和新经济社会学派的主要倡导者——美国斯坦福大学教授马克·格兰诺维特（Mark Granovetter）在"镶嵌问题"的研究中作出了巨大的贡献，他认为经济分析一般是以自利动机和理性选择作为前提展开的，而社会分析中则更加强调结构和非理性因素。他一直试图开启这二者之间的对话，并将信任、情感等人的非理性因素带入经济分析之中。格兰诺维特认为镶嵌的观点是关于经济行动是如何在社会网内的互动过程中做出决定的，大多数的行为都紧密地镶嵌在社会网之中（Granovetter，1985）。根据格兰诺维特的观点，将国际旅游供应链网络看作一个封闭的社会网络，其内部有着特殊的网络结构和运作规律，各个节点企业所处的位置、充当的角色以及各个节点企业之间的关系属性都将对企业在供应链合作中的决策行动产生影响。

同时，Rogers（1962）曾指出，创新发明的第一个"采用者"通常是网络中处于边陲的人，但接下来的"初期采用者"则常常是跟社会系统结合较为紧密的人。提出类似观点的还有 Becker（1970），他在针对"采用特定创新发明所感受到的风险"所做的研究中指出，当一个新的方案被认为是相对安全且无争议时，采用与否是由核心的人所主导，反之便是由边陲的人所引导。这里所提到的处于社会网络"边陲的人"和"核心的人"都跟主体在社会网络中所处的结构位置有关,这里所指的"边陲"或是"核心"实质上就是从结构属性的层面对特定网络中主体之间关系以及特定主体对于资源掌握和控制情况的描述。因此,本书认为"协同"作为旅游供应链网络中的一个新的概念和行为方式,节点企业的行为态度将受到其所处的网络情境以及个体的网络结构位置的影响。由此可得假设1(H1)和假设2(H2):

H1:节点企业的网络结构位置对其协同态度有显著影响。

H1-1:节点企业的权力网络程度中心度对其协同态度有显著影响。

H1-2:节点企业的契约网络程度中心度对其协同态度有显著影响。

H1-3:节点企业的信任网络程度中心度对其协同态度有显著影响。

H2:节点企业的网络结构位置对其协同意向有显著影响。

H2-1:节点企业的权力网络程度中心度对其协同意向有显著影响。

H2-2:节点企业的契约网络程度中心度对其协同意向有显著影响。

H2-3:节点企业的信任网络程度中心度对其协同意向有显著影响。

(2)节点企业的协同态度、协同意向和协同行为的关系假设

Fishbein 于 1963 年首次在其提出的"多属性态度理论"(theory of multi-attribute attitude,TMA)中指出:行为态度在决定行为意向的同时受到行为所产生的预期结果以及对结果的评估的影响。1980 年,Fishbein 和 Ajzen 在此基础上提出了"理性行为理论"(theory of reasoned action,TRA)。该理论建立了一个三阶段的个体行为分析模型,可以更好地解释和预测个体行为:行为意向决定实际行为的发生,个体的行为意向会受到行为态度和主观规范的共同影响,决定行为意向的两个因素均受控于某种信念,如图 3.2 所示。

根据理性行为理论的观点,个体对对象产生积极的行为态度,即会

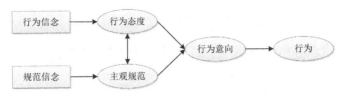

图 3.2 理性行为理论模型

资料来源：AJZEN I，FISHBEIN M，1980. Understanding attitudes and predicting social behavior［M］. Englewood Cliffs，NJ：Prentice-Hall.

带来积极的行为意向。态度作为一种对他人、事物、观点的总体评价，决定着人们的行为意向和最终行为。旅游供应链节点企业对待协同的态度是其对旅游供应链合作对象和合作条件的心理倾向和总体评价，是协同意向和行为产生的心理准备状态，预示着协同行为产生的潜在可能性。由此可建立假设 3（H3）、假设 4（H4）和假设 5（H5）：

H3：节点企业的协同态度对其协同意向有显著影响。

H4：节点企业的协同态度对其协同行为有显著影响。

H5：节点企业的协同意向对其协同行为有显著影响。

（3）节点企业的协同态度和协同意向的中介效应假设

1989 年，Davis 在理性行为理论的基础上构建模型，就用户对信息系统的接受情况展开研究，并提出了技术接受模型（technology acceptance model，TAM），如图 3.3 所示。Davis 指出，个人对于特定系统进行采纳和使用的行为以及行为意图受到两个方面因素的影响：其一，个体对于该系统所持的积极或消极的态度；其二，个体在使用过程中所感受到的该系统对于工作绩效提高的程度，即感知有用性（perceived usefulness）。同时，态度和感知有用性的产生又源自个人在使用特定系统时所感受到的容易程度，即感知的易用性（perceived ease of use）。

由理性行为理论和技术接受模型可知，特定行为的产生受到诸多因素的影响，这些因素首先作用于主体，使主体对其产生积极或消极的

图 3.3　技术接受模型

态度和意向,进而再通过态度和意向影响行为的产生。态度和意向在这些因素和行为之间起到了一种桥梁和传递的作用,体现出一定的中介效应。在旅游供应链中,节点企业的网络结构位置不同,其对待协同合作的态度和意向也将存在差异,而这些差异将直接影响各个节点企业对于旅游供应链协同的接纳、参与和主动实施,因此可构建假设 6(H6)和假设 7(H7):

H6:协同态度在网络结构位置与协同行为之间具有中介作用。

H6-1:协同态度在权力网络程度中心度与协同行为之间具有中介作用。

H6-2:协同态度在契约网络程度中心度与协同行为之间具有中介作用。

H6-3:协同态度在信任网络程度中心度与协同行为之间具有中介作用。

H7:协同意向在网络结构位置与协同行为之间具有中介作用。

H7-1:协同意向在权力网络程度中心度与协同行为之间具有中介作用。

H7-2:协同意向在契约网络程度中心度与协同行为之间具有中介作用。

H7-3:协同意向在信任网络程度中心度与协同行为之间具有中介作用。

由此可得 15 个个体层次的研究假设,汇总如表 3.1 所示。

表 3.1　个体层次研究假设汇总表

编号	研究假设
H1	节点企业的网络结构位置对其协同态度有显著影响
H1-1	节点企业的权力网络程度中心度对其协同态度有显著影响
H1-2	节点企业的契约网络程度中心度对其协同态度有显著影响
H1-3	节点企业的信任网络程度中心度对其协同态度有显著影响
H2	节点企业的网络结构位置对其协同意向有显著影响
H2-1	节点企业的权力网络程度中心度对其协同意向有显著影响
H2-2	节点企业的契约网络程度中心度对其协同意向有显著影响
H2-3	节点企业的信任网络程度中心度对其协同意向有显著影响
H3	节点企业的协同态度对其协同意向有显著影响
H4	节点企业的协同态度对其协同行为有显著影响
H5	节点企业的协同意向对其协同行为有显著影响
H6	协同态度在网络结构位置与协同行为之间具有中介作用
H6-1	协同态度在权力网络程度中心度与协同行为之间具有中介作用
H6-2	协同态度在契约网络程度中心度与协同行为之间具有中介作用
H6-3	协同态度在信任网络程度中心度与协同行为之间具有中介作用
H7	协同意向在网络结构位置与协同行为之间具有中介作用
H7-1	协同意向在权力网络程度中心度与协同行为之间具有中介作用
H7-2	协同意向在契约网络程度中心度与协同行为之间具有中介作用
H7-3	协同意向在信任网络程度中心度与协同行为之间具有中介作用

(二)国际旅游供应链协同行为研究中变量的操作性定义与测量

1.网络结构位置的操作性定义和测量

国际旅游供应链网络是为满足游客的国际旅游需求,两国的具有独立决策能力的旅游企业通过一定的供需关系而构建的网状的组织系统。从社会网络分析的角度看,国际旅游供应链网络是一个由不同的旅游企业及其之间关系构成的复杂网络系统。本书将采取社会网络分析法中的整体网络分析方法,在对该网络中的全部数据进行搜集的基础上,分析节点企业的网络结构位置特征,采用程度中心度对其网络中心性进行描述。

基于 Peck 和 Juttner(2000)等的观点以及旅游供应链运作中的实际情况,可将旅游供应链节点企业之间的关系划分为权力、契约和信任三种不同的网络,运用这三种网络可以直观、准确地反映出旅游供应链中各个节点企业之间的各种重要关系。权力是影响社会资源分配的重要力量,指的是某一社会单位对社会单位所产生的影响和施加的控制(Weber,1947)。权力越高的主体,表现出来对别的个体的影响和支配程度越高,其常常是行业或圈子中标准的制定者,其采取的行动会对其他企业产生直接或间接的影响(Knoke,1990)。同时,因为这些权力集中的企业掌握着较为核心的资源和信息,其他的企业也容易对其产生依赖性(默顿,2006)。契约是多个单位或企业相互认可的,对双方的权利和义务进行明确规定,并在法律上具有约束力的协议(张丽 等,2010)。契约关系是交易和合作中最常见也最重要的关系,成功签约的企业对象和数量、履约过程中的质量和效果,以及其他企业与其续约的意愿和动机都能够反映出一个企业与网络中其他企业之间的关系情况(陈阁芝 等,2017)。信任是为了简化人与人之间的合作关系而产生的情感依赖,在旅游供应链中,除了权力和契约,很多情况下都是通过企业之间的信任而建立起合作关系的(张侨 等,2004)。信任是社会关系的一个重要维度,它既是关系的结果也是关系的源泉,对关系进行研究,就必定要考虑信任的产生和作用。一般情况下,对于特定主体的信任,常常源于对该主体的认识和评价,积极的评价常常能导致信任的产生(卢曼,2005)。

在本研究中,节点企业的网络结构位置是指国际旅游供应链网络中的节点企业在权力网络、契约网络和信任网络中所处的地位。此处采用开放式的题项,填答者根据问题,从《旅游供应链节点企业代号表》中至少选择 5 个合适的企业代号填入对应的表格中。通过整体网络程度中心度测量方法对收集到的数据进行分析,由此可获得 8 个关系数据矩阵。测量量表中的问题根据相关文献中对概念的界定和实际运用产生,具体来源如表 3.2 所示:

表 3.2　网络结构位置测量题项及来源

题号	网络	题项	测量内容	来源
N1-PC1	权力网络	日常运作中,贵公司必须遵从哪些企业的标准或安排?	支配性网络	Knoke,1990;Weber,1947;罗伯特,2006,
N2-PC2		哪些企业的行为对贵公司存在最具权威性的影响?	影响网络	
N3-PC3		贵公司的资源和信息依赖于哪些企业?	依赖性网络	
N4-CC1	契约网络	贵公司与哪些企业签订过合作契约(协议、合同等)?	签约网络	陈阁芝,刘静艳,王雅君,2017;张丽,严建援,2010
N5-CC2		哪些企业能很好地履行与贵公司签订的契约?	履约网络	
N6-CC3		下一个合约期,贵公司有意向签订契约的企业有哪些?	续约网络	
N7-TC1	信任网络	哪些企业在业界享有较好的信誉?	评价网络	杨中芳,彭泗清,1999;卢曼,2005
N8-TC2		与哪些企业合作是贵公司的领导层最放心的?	信赖网络	

注:本表中涉及的题项需要参考《旅游供应链节点企业代号表》进行填写。

2.态度的操作性定义和测量

Ajzen(2011)认为态度是人的内在心理特征的外在表现,是人对于某事物的好与坏、积极与消极、有害与有利、令人愉悦与令人不愉悦等属性的总体评价,包括认知、情感和行为倾向三个成分。因此,旅游供应链节点企业对于供应链协同所持的态度指的是节点企业对于供应链协同的概念、过程、影响、绩效等整体所持的认知、情感和行为倾向上的总体评价。本书从旅游供应链节点企业对于供应链协同的认知、情感体验和是否愿意采取相关行动这三个方面测量节点企业对于供应链协同所持的态度。由于测量方式和分析工具的不同,关于"态度"这一变量的测量被分为个体层次和网络层次两种形式,如表 3.3 和表 3.4 所示。表 3.3 中的问题以李克特 5 分量表的方式获得 4 个属性数据,而表 3.4 中的问题为开放式题项,填答者根据问题从《旅游供应链节点企业代号表》中选择至少 5 个合适的企业代号填入对应的表格中。通过整体网络程度中心度测量方法对收集到的数据进行分析,由此可获得 3 个关系数据矩阵。

表 3.3　个体层次态度测量题项及来源

题号	题项	测量内容	来源
Att1	贵公司领导对旅游供应链协同这种合作形式有所了解。	认知	Ajzen et al., 1980;Ajzen,2011;刘力,等,2015
Att2	贵公司的领导喜欢旅游供应链协同这种合作形式。	情感	
Att3	贵公司的领导愿意积极参与旅游供应链协同。	行动	
Att4	贵公司的领导愿意积极适应由于旅游供应链协同而带来的各方面的变化。		

表 3.4　网络层次态度测量题项及来源

题号	题项	测量内容	来源
Att1.1	贵公司认为可以与之开展协同合作的企业是?	认知	Ajzen,1980;Ajzen,2011;刘力,等,2015
Att2.1	贵公司愿意与之开展协同合作的企业是?	情感	
Att3.1	贵公司已经或是将要与之开展协同合作的企业是?	行动	

注:本表中涉及的题项需要参考《旅游供应链节点企业代号表》进行填写。

3.行为意向的操作性定义和测量

已有无数研究证明,行为的意向越强烈,采取实际行动的可能性就越大。Ajzen(1991)认为行为意向是个体愿意从事某种行为的主观概率,表明个体为执行某种行为而愿意付出努力和时间的程度。而Gollwitzer和Barph(1996)则认为,对于行为意向的理解可以分为两个层面:其一是目标意向层面,在这个层面上,个体对行为的目标进行思考,是运筹和准备的阶段;其二,是执行意向层面,在这一层面中,个体在上一阶段思考和运筹形成的目标意向的基础上确定具体的执行意向的计划,是执行和行动的阶段。因此,可将节点企业对旅游供应链协同的行为意向界定为特定旅游供应链系统中的节点企业对该供应链实施协同的主观倾向性。本书使用4个李克特5分量表的题项从目标意向和执行意向两个层面对节点企业针对旅游供应链协同的意向进行测量,如表3.5所示。

表3.5 行为意向测量题项及来源

题号	题项	测量内容	来源
In1	贵公司有积极参与旅游供应链协同的意向。	目标意向层面	Ajzen et al.,1991;刘力,等,2015;Gollwitzer et al.,1996
In2	贵公司已经做好了参与旅游供应链协同的准备。	目标意向层面	
In3	贵公司领导会积极动员其他合作伙伴一起参与旅游供应链协同。	执行意向层面	
In4	贵公司的领导愿意积极配合旅游供应链协同的各种举措。	执行意向层面	

4.协同行为的操作性定义和测量

根据协同学和供应链协同的相关理论和研究,可将旅游供应链主体协同行为定义为:旅游供应链系统中的各个主体以供应链整体盈余和绩效提升为共同目标,通过先进的信息技术手段使系统中的客流、资金流、信息流和服务流等向着更为有序的方向发展,从而实现旅游供应链系统的自组织化的过程而在旅游供应链的供应商、运营商、代理商等各个子系统之间产生的共同决策、协调合作、信息共享、无缝对接等一体化运行手段和行为方式。根据协同的层次,旅游供应链系统可以划分为战略层协同、战术层协同和技术层协同,因此对应这三个层次,主体的协同行为也可以被划分为战略协同行为、战术协同行为和技术协同行为,本书通过 4 个李克特 5 分量表的题项对旅游供应链节点企业的协同行为情况进行测量,具体内容如表 3.6 所示。

表 3.6　协同行为测量题项及来源

题号	题项	测量内容	来源
Ac1	贵公司将从战略和全局的高度对实现旅游供应链战略协同进行部署。	战略层	
Ac2	贵公司的职能部门能够和其他合作企业的职能部门之间实现战术层面的协同。	战术层	邹辉霞,2007;Blake,2010
Ac3	贵公司能够积极进行内部调整以配合旅游供应链协同的实现。		
Ac4	贵公司能够为实现旅游供应链协同提供良好的技术支持。	技术层	

(三)国际旅游供应链协同行为研究中抽样调查方案设计

1.国际旅游供应链协同行为研究的抽样框

按照理想的状况,抽样框应当是一个包含了所有目标总体(或称研究总体)成员的完整列表,然而在实际的应用中却很难实现调查总体与目标总体的完全一致。在大多数情况下,调查总体只是研究总体的一部分。这就涉及统计学中的抽样问题。一般从理论与实践两个方面来对调查总体进行选择：理论上要考虑调查总体的典型性，即调查的总体能在多大程度上表现研究总体的特征；而在实践方面则应考虑这种选择的方便性、易得性、应用性、合作的需要及被调查对象的意愿等。

　　本书的研究总体是参与中国云南和越南国际旅游合作的所有旅游企业，按理应当对云南省和越南境内所有涉及双方旅游合作的旅行社、直接供应商（包括餐饮、住宿、景区、交通、购物、娱乐等相关的企业）和间接供应商按数量比例进行分层等比例抽样，但由于资金、时间、人力等方面的限制和社会网络研究方法的特殊性，本研究抽样范围限定在中国至越南出境游以及越南至中国入境游销量较好的旅游线路上。之所以这样设定抽样范围，主要原因有如下几个方面：其一，社会网络分析方法需要整群抽样，即需要一个网络内的所有成员（至少相当于整个网络成员总数的80％）都要配合才能填答整体社会网络问卷。其二，社会网络分析方法一般很难做到随机抽样，一般为便利抽样。因此，笔者在对旅游线路初步筛选的基础上，通过朋友关系与多家旅游运营商进行沟通之后，选择那些与供应商关系较好且愿意帮忙的旅行社作为切入点展开调研和数据收集。其三，笔者在中国至越南出境游的旅游线路中选择最受中国游客欢迎且游客人数最多的，同时兼顾了越南北部、中部和南部不同的地理区位。越南至中国入境游的旅游线路主要考虑越南游客的偏好以及与越南旅游企业合作的中国旅游运营商对本次研究的支持意愿，具有一定的典型性和代表性。即便如此，为保证本研究的严肃性，本研究的分析结论也只是推论到所涉及的这些企业，若要推论到更大的范围，还需要更进一步的论证。

2.国际旅游供应链协同行为研究的样本量确定

在简单随机抽样的条件下,可使用以下公式(公式 3.1)来计算调查所需的样本量。

$$n = \frac{Z^2 S^2}{d^2}$$ (公式 3.1)

其中,n 为所需样本量;Z 为置信水平下的相应的 Z 统计量,一般情况下选择 95% 的置信水平,则相应的 Z 统计量为 1.96;S 为总体的标准差;d 为置信区间的 1/2,即调查误差项。

理论上看,只要得到公式中的各个值便可以计算出所需的样本数量,但实际的研究工作要复杂得多。一项研究往往要求对多个指标的误差进行控制,且总体的标准差也很难获得,因此在实际的抽样中,往往采用总体比例公式(公式 3.2)来计算样本量。

$$n = \frac{Z^2 p(1-p)}{d^2}$$ (公式 3.2)

其中,p 为总体的百分比,即对成功的估计比例,实际计算中可取 0.5。

表 3.7 列举了估计比例 p 在选择 6 个不同的绝对误差值的情况下 95% 置信区间水平所需要样本量的多少。

表 3.7 不同绝对误差值对应的样本量

p 的绝对误差	0.01	0.02	0.03	0.04	0.05	0.10
所需的样本量	9 604	2 401	1 067	601	384	96

由于抽样成本及时间等方面的限制,在理论界和实务界可接受的范围之内,本研究为样本量计算设置 95% 的精确度(即绝对误差值为 0.05)和 95% 的置信水平。由此,可以根据公式计算或表 3.8 所示得出所需的样本量为 384 份调查问卷。

　　由于多阶段抽样的复杂性,误差计算过程比较烦琐,为了保证样本量的充足和样本数据的真实可靠,在实际操作中可以在运用简单随机抽样公式计算出样本量后再乘以一个"设计效应",从而扩大样本总量。设计效应可以根据经验和实际研究的环境及情境定为1.1或1.2等。本研究以企业作为调研对象,采取当面访谈与电子问卷相结合的方式。数据收集耗费时间和精力较多,进行二次数据收集的可能性不大,因此将抽样设计效应定为1.2,无回答率设为10%,所对应的样本量变化如表3.8所示。

表3.8　考虑设计效应和无回答率的样本量

	计算过程	所需的样本量/份
公式计算	$n=\dfrac{1.96^2 \times 0.5 \times (1-0.5)}{0.05^2}$	$384.16 \approx 384$
设计效应为1.2	384×1.2	$460.8 \approx 461$
无回答率为10%	$461/(1-10\%)$	$512.22 \approx 512$

　　因此,本书将向旅游供应链相关企业共发放调查问卷512份。

3.国际旅游供应链协同行为研究的抽样方式

　　在社会网络研究过程中,如果不可能或不方便编制一个完整的目标总体名单,可使用整群抽样的方式进行抽样。根据最终的样本获得所经过的抽样次数,整群抽样可被分为二阶段、三阶段、四阶段整群抽样,甚至更多阶段整群抽样。具体操作过程如下:第一阶段,将目标总体按照特定的标准划分为无数个子群体,每个子群即为一个抽样单位,采用随机抽样的方式抽取若干子群成为一级抽样单位入样;第二阶段,将每个抽出的子群(一级抽样单位)再划分成若干个二级抽样单位,用随机的方式从每个一级单位中各抽取若干个二级抽样单位入样……以此类推,直到获得满意的最终样本。

本研究采用了三阶段整群抽样的方式,具体操作如图 3.4 所示。

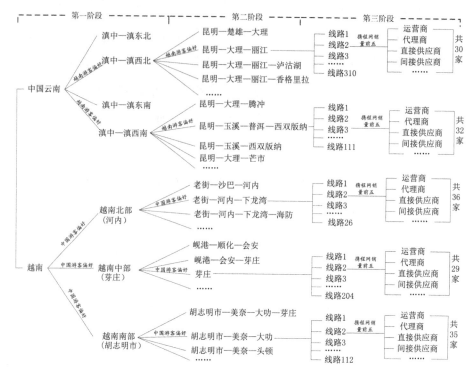

图 3.4 三阶段整群抽样流程图

本书的部分抽样过程所依据的标准是游客偏好,为了更好地对中国及越南游客的旅游偏好进行了解,笔者分别于 2019 年 3 月 18—23 日和 2019 年 5 月 6—11 日对云南昆明的多家旅游企业和部分越南游客以及越南芽庄的多家旅游企业和部分中国游客进行了调研,通过访谈的方式获取相关资料,具体访谈提纲、访谈目的和访谈结果如表 3.9 所示。

表 3.9　旅游企业访谈内容汇总

序号	访谈提纲	访谈目的	访谈结果
1	贵公司是否承接前往中国云南（越南）旅游的游客？	筛选具有国际旅游合作业务的旅游企业	旅行社企业均在开展这项业务
2	贵公司是直接对接中国云南（越南）的旅游企业吗？	筛选运营商和代理商	只有规模较大的旅游企业直接对接中国（越南）企业
3	贵公司与中国云南（越南）的哪些旅游企业有合作？	确定旅游供应链的国内成员企业	合作企业大多为国内（越南）的旅游运营商
4	越南游客最喜欢的中国云南（越南）的旅游目的地有哪些？	筛选越南（中国）游客最喜爱的旅游线路	昆明、大理、丽江、西双版纳、香格里拉、河内、芽庄、胡志明市

（1）第一阶段——空间区域抽样

第一阶段，首先是对中国云南和越南境内的旅游线路按照行政区划和空间布局进行分组，再按照一定的标准从这些分组中进行抽样。

越南至中国入境游：根据携程网和马蜂窝等旅游网站提供的相关信息，云南省的旅游线路大多是从位于滇中的昆明出发延伸至东南、西南、东北和西北，这样的旅游线路共计 2 730 条。按照空间布局进行划分，可分为"滇中—滇东北"、"滇中—滇东南"、"滇中—滇西北"和"滇中—滇西南"四个板块。通过对越南旅游企业和越南游客的访谈了解到，越南游客最喜爱的旅游板块集中在"滇中—滇西北"和"滇中—滇西南"，因此整群抽样的第一阶段选择这两个板块中的所有旅游线路入样。

中国至越南出境游。越南（Vietnam），全称越南社会主义共和国（英语：Socialist Republic of Vietnam），位于东南亚的中南半岛东部，北部与我国的广西壮族自治区和云南省接壤，国土总面积约 33 万平方千米，旅游资源丰富，5 处风景名胜被联合国教科文组织列为世界文化和自然遗产。主要旅游城市有：首都河内市、胡志明市、广宁省的下龙湾、古都顺化、芽庄、大叻、美奈等。根据携程网（www.ctrip.com）数据统计,从云南昆明出发前往越南旅游的线路共 462 条,根据地理位置划分,可大致概括为北线、中线和南线三个板块。北线所包含的城市有:老街、河内、海防、下龙湾等;中部线路所包含的城市有顺化、岘港、会安、芽庄(部分线路归为南部)等;南部线路包含的城市为芽庄(部分线路归为中部)、大叻、美奈、胡志明市等。

通过对中国旅游企业和中国前往越南旅游的游客进行访谈了解到,中国游客最喜欢的越南北、中、南部的旅游城市分别是河内、芽庄、胡志明市。其中:河内位于越南北部,是越南的首都,也是政治和文化中心;芽庄位于中南部,是越南最著名的海边旅游度假胜地之一;胡志明市位于南部,是越南南部最大的城市,也是越南的经济中心。因此,本书在群体抽样第一阶段选取围绕河内、芽庄和胡志明市这 3 个越南旅游最具代表性的城市展开的旅游线路作为本次调研的重点。对这三个城市的旅游企业与中国云南省的旅游企业之间的合作关系及旅游供应链网络进行调研,具有较强的典型性和代表性。以此抽样调研产生的结果具有较高的说服力,分析的结果也具有较强的普适性。

(2)第二阶段——旅游线路抽样

第二阶段,在第一阶段抽样的基础上,对中国云南的"滇中—滇西北"和"滇中—滇西南"两个板块和越南的北部、中部和南部三个板块上的旅游线路进行分组,再按照一定的标准从这些分组中进行整群抽样。

如图 3.4 所示,"滇中—滇西北"旅游板块中所包含的主要旅游线路有"昆明—楚雄—大理"、"昆明—大理—丽江"、"昆明—大理—丽江—香格里拉"和"昆明—大理—丽江—泸沽湖"等,"滇中—滇西南"旅游板块中所包含的主要旅游线路有"昆明—大理—腾冲"、"昆明—大理—芒市"、"昆明—玉溪—西双版纳"和"昆明—玉溪—普洱—西双版纳"等。通过对越南旅游企业和越南游客的访谈了解到,在"滇中—滇西北"和"滇中—滇西南"两个板块中,越南游客最喜爱且旅游人数最多的两条旅游线路分别是"昆明—大理—丽江"和"昆明—玉溪—普洱—西双版纳"。

越南北部旅游板块所包含的主要旅游线路有"老街—沙巴—河内"、"老街—河内—下龙湾"和"老街—河内—下龙湾—海防"等。中部旅游板块所包含的主要旅游线路有"岘港—顺化—会安"、"岘港—会安—芽庄"和"芽庄一地"等。南部旅游板块所包含的主要旅游线路有"胡志明市—美奈—大叻—芽庄"、"胡志明市—美奈—大叻"和"胡志明市—美奈—头顿"等。通过对中国旅游企业和中国游客的访谈了解到,在这三个板块中,中国游客最喜爱且旅游人数最多的三条旅游线路分别是"老街—河内—下龙湾"、"芽庄一地"和"胡志明市—美奈—大叻"。

（3）第三阶段——旅游供应链成员企业抽样

根据旅游业的特点,旅游运营商为了满足不同游客多样化的旅游需求,同一条旅游线路根据旅游形式、游玩时间、游玩景点、住宿标准等的不同,又可分化出无数条包含具体行程的线路（以下简称"具体线路"）。第三阶段的主要任务是在第二阶段抽样的基础上对不同旅游企业提供的具体线路数量进行统计,同时按照一定的标准对这些具体线路进行整群抽样,最后通过线人法确定每条线路上旅游供应链的成员名单和数量。

通过携程网上搜索可得由不同的旅行社提供的"昆明—大理—丽江"这一行程共有310条具体旅游线路,"昆明—玉溪—普洱—西双版纳"这一行程共有111条具体旅游线路。从昆明出发前往"老街—河内—下龙湾"的具体旅游线路共有26条,前往"芽庄一地"的具体旅游线路共有204条,前往胡志明市及周边（美奈、大叻）的具体旅游线路共有112条。

本书依据三个标准从这些线路中进行整群抽样:第一,提供该旅游线路服务的旅行社必须具有国际旅游资质;第二,该线路在携程网的相同线路中销量排名前五;第三,该线路上的大多数旅游供应商愿意配合本次调研。通过以上标准共筛选出 5 条具体的旅游线路,同时,通过网上查阅和实地访谈的方式,确定这 5 条旅游线路上涉及的旅行社、直接供应商和间接供应商数量如表 3.10 和 3.11 所示。将这 5 条具体旅游线路看作 5 个群体进行整群抽样,即将这 5 条旅游线路的供应链上涉及的所有成员企业同时入样,这样才能保证社会网络分析方法的顺利实施。

表 3.10 中国云南 2 条旅游线路的供应链成员数量统计

| 旅游线路 | 旅行社/家 | | 直接供应商/家 | | | | | | 间接供应商/家 | 合计/家 |
	运营商	代理商	食	住	行	游	购	娱		
昆明—大理—丽江	1	3	2	9	3	6	1	2	3	30
昆明—西双版纳	1	3	4	10	2	6	1	2	3	32

表 3.11 越南 3 条旅游线路的供应链成员数量统计

| 旅游线路 | 旅行社/家 | | 直接供应商/家 | | | | | | 间接供应商/家 | 合计/家 |
	运营商	代理商	食	住	行	游	购	娱		
河内	1	3	4	9	3	5	5	2	4	36
芽庄	1	2	3	4	3	7	4	2	3	29
胡志明市	1	3	3	7	3	10	3	2	3	35

通过以上三个阶段的群体抽样,共抽取出 162 家旅游企业,每家企业随机抽取 3~4 名管理者完成调查问卷,即可获得需要的样本数量。因为一个企业中的管理者掌握了企业大量的战略和战术层面的管理信息和动态,对于企业的目标、宗旨、文化等也有较为深入的认识和把握,并且能够在认知、态度和意向上与企业保持高度的一致性,因此,本书

假设这些样本企业中的管理者的观点和态度即代表该企业对于相关问题的观点和态度。

4.抽样调查保证措施

按照抽样设计,为保证抽取样本的有效性和调查的准确性,在抽样和调查过程中笔者主要采取如下措施:

其一,通过各种方式进行公关,努力取得被调查公司管理层的支持和理解,顺利接受访谈并完成问卷。

其二,尽可能科学合理地设计抽样方式和抽样过程,使样本具有典型性和普遍意义。例如,为了确定旅游线路的抽样标准,多次请教旅游业界的专家,并亲自前往旅游企业调研。

其三,在问卷的发放方式上,尽可能地采取当面访谈的形式进行,提高问卷的回收率。

其四,严谨、认真地设计问卷的各个题项,并在问卷发放过程中为打消被调查者的顾虑,反复向其申明调查目的、意义以及采取的保密措施,努力提高问卷的效度。

二、国际旅游供应链网络结构研究

(一)国际旅游供应链网络结构研究框架

网络结构研究架构如图 3.5 所示。在这个研究架构中,国际旅游供应链节点企业的态度认知(Y_1)、态度情感(Y_2)和态度行为(Y_3)是被解释变量;企业的权力网络程度中心度($X_1 \sim X_3$)、契约网络程度中心度($X_4 \sim X_6$)和信任网络程度中心度($X_7 \sim X_8$)是解释变量。

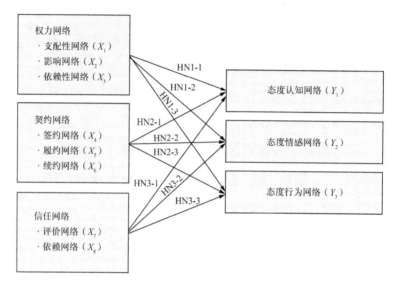

图 3.5　网络结构研究框架

基于研究架构图可得 3 个因果模型:

模型一:

$$Y_1 = \alpha + \beta_1 X_1 + \beta_2 X_2 + \beta_3 X_3 + \beta_4 X_4 + \beta_5 X_5 + \beta_6 X_6 + \beta_7 X_7 + \beta_8 X_8 + \varepsilon$$

模型二:

$$Y_2 = \alpha + \beta_9 X_1 + \beta_{10} X_2 + \beta_{11} X_3 + \beta_{12} X_4 + \beta_{13} X_5 + \beta_{14} X_6 + \beta_{15} X_7 + \beta_{16} X_8 + \varepsilon$$

模型三:

$$Y_3 = \alpha + \beta_{17} X_1 + \beta_{18} X_2 + \beta_{19} X_3 + \beta_{20} X_4 + \beta_{21} X_5 + \beta_{22} X_6 + \beta_{23} X_7 + \beta_{24} X_8 + \varepsilon$$

其中,X_1、X_2、X_3、X_4、X_5、X_6、X_7、X_8 为自变量,Y_1、Y_2、Y_3 为因变量,α 为常数,$\beta_1 \sim \beta_{24}$ 为相关系数,ε 为残差项。

(二)国际旅游供应链网络结构研究假设

基于网络层次的研究架构,可提出 24 个网络层次的研究假设,如表 3.12 所示。

表 3.12 网络层次研究假设汇总表

编号	研究假设
HN1	中越国际旅游供应链权力网络对态度网络有显著影响。
HN1-1	中越国际旅游供应链权力网络对态度认知网络有显著影响。
HN1-1.1	中越国际旅游供应链支配性网络对态度认知网络有显著影响。
HN1-1.2	中越国际旅游供应链影响网络对态度认知网络有显著影响。
HN1-1.3	中越国际旅游供应链依赖性网络对态度认知网络有显著影响。
HN1-2	中越国际旅游供应链权力网络对态度情感网络有显著影响。
HN1-2.1	中越国际旅游供应链支配性网络对态度情感网络有显著影响。
HN1-2.2	中越国际旅游供应链影响网络对态度情感网络有显著影响。
HN1-2.3	中越国际旅游供应链依赖性网络对态度情感网络有显著影响。
HN1-3	中越国际旅游供应链权力网络对态度行为网络有显著影响。
HN1-3.1	中越国际旅游供应链支配性网络对态度行为网络有显著影响。
HN1-3.2	中越国际旅游供应链影响网络对态度行为网络有显著影响。
HN1-3.3	中越国际旅游供应链依赖性网络对态度行为网络有显著影响。
HN2	中越国际旅游供应链契约网络对态度网络有显著影响。
HN2-1	中越国际旅游供应链契约网络对态度认知网络有显著影响。
HN2-1.1	中越国际旅游供应链签约网络对态度认知网络有显著影响。
HN2-1.2	中越国际旅游供应链履约网络对态度认知网络有显著影响。
HN2-1.3	中越国际旅游供应链续约网络对态度认知网络有显著影响。
HN2-2	中越国际旅游供应链契约网络对态度情感网络有显著影响。
HN2-2.1	中越国际旅游供应链签约网络对态度情感网络有显著影响。

续表

编号	研究假设
HN2-2.2	中越国际旅游供应链履约网络对态度情感网络有显著影响。
HN2-2.3	中越国际旅游供应链续约网络对态度情感网络有显著影响。
HN2-3	中越国际旅游供应链契约网络对态度行为网络有显著影响。
HN2-3.1	中越国际旅游供应链签约网络对态度行为网络有显著影响。
HN2-3.2	中越国际旅游供应链履约网络对态度行为网络有显著影响。
HN2-3.3	中越国际旅游供应链续约网络对态度行为网络有显著影响。
HN3	中越国际旅游供应链信任网络对态度网络有显著影响。
HN3-1	中越国际旅游供应链信任网络对态度认知网络有显著影响。
HN3-1.1	中越国际旅游供应链评价网络对态度认知网络有显著影响。
HN3-1.2	中越国际旅游供应链信赖网络对态度认知网络有显著影响。
HN3-2	中越国际旅游供应链信任网络对态度情感网络有显著影响。
HN3-2.1	中越国际旅游供应链评价网络对态度情感网络有显著影响。
HN3-2.2	中越国际旅游供应链信赖网络对态度情感网络有显著影响。
HN3-3	中越国际旅游供应链信任网络对态度行为网络有显著影响。
HN3-3.1	中越国际旅游供应链评价网络对态度行为网络有显著影响。
HN3-3.2	中越国际旅游供应链信赖网络对态度行为网络有显著影响。

（三）国际旅游供应链企业代号表的编制

在填答网络结构位置及网络层次部分的国际旅游供应链协同态度问卷时，为了便于填答，同时降低问卷题项的敏感性，需要先制作"供应链企业代号表"发放给填答者，在填答问卷时只需要填写企业代号即可。表3.13为由旅游线路"丽江—大理—昆明—老街—河内—下龙湾"所涉及的49家供应链企业所组成的《旅游供应链节点企业代号表》，为保护企业隐私，此处表中只显示节点企业所属的行业，实际操作中,填答者可见具体的企业名称。

表 3.13　旅游供应链节点企业代号表

序号	企业类别	序号	企业类别
1	中国旅游批发商(运营商)1	26	中国旅游索道公司 1
2	中国旅游批发商(运营商)2	27	中国旅游船舶公司 1
3	中国旅游组团社(代理商)1	28	中国昆明购物商店 1
4	中国旅游组团社(代理商)2	29	中国航空公司 1
5	中国昆明景区/景点 1	30	越南铁路总公司 1
6	中国昆明景区/景点 2	31	越南船舶公司 1
7	中国昆明景区/景点 3	32	越南旅游汽车公司 1
8	中国大理景区/景点 1	33	越南旅游批发商(运营)1
9	中国大理景区/景点 2	34	越南旅游批发商(运营)2
10	中国丽江景区/景点 1	35	越南旅游组团社(代理商)1
11	中国丽江景区/景点 2	36	越南河内景区/景点 1
12	中国丽江景区/景点 3	37	越南河内景区/景点 2
13	中国丽江景区/景点 4	38	越南河内景区/景点 3
14	中国丽江酒店 1	39	越南河内景区/景点 4
15	中国丽江酒店 2	40	越南下龙湾景区/景点 1
16	中国大理酒店 1	41	越南下龙湾景区/景点 2
17	中国大理酒店 2	42	越南老街酒店 1
18	中国大理酒店 3	43	越南河内酒店 1
19	中国昆明酒店 1	44	越南下龙湾酒店 1
20	中国昆明酒店 2	45	越南河内酒店 2
21	中国昆明酒店 3	46	越南河内酒店 3
22	中国昆明酒店 4	47	越南下龙湾购物店 1
23	中国旅游演艺企业 1	48	越南下龙湾购物店 2
24	中国旅游汽车企业 1	49	越南下龙湾购物店 3
25	中国旅游汽车企业 2		

三、国际旅游供应链结构和协同
行为研究的数据分析方法

本书采用统计软件 SPSS 17.0、AMOS 21.0 以及社会网络分析软件 UCINET 6.212 对搜集到的原始数据进行处理和分析。

(一)社会网络分析法(SNA)

1.社会网络分析概述

社会网络分析被认为是对社会关系进行研究的一种新范式,其区别于其他分析方法的最大的特点在于它研究的对象是网络中各个"行动者"(actors)之间的关系属性而非属性特征。这里所说的"行动者"可以是单个的个人,也可以是公司、群体,甚至是一个城市或者国家,在社会网络分析图中,"行动者"通常用"节点"(node)加以表示,如图 3.6 中的 A、B、C、D 分别代表该网络中的 4 个不同的"行动者"。而"行动者"之间的联系,被称为"关系",这种关系可分为"无向"和"有向"两种,分别用无向的线段和有向的箭头来表示。如图 3.6 中 A 与 B 之间的关系为无向关系,而 B 与 D、C 与 D 之间则是不对称的有向关系。

社会网络分析包含个体网络(或称局部网络,local network)和整体网络(complete network)两种分析类型,其中个体网络分析是对社会网络中某个特定的行动者所存在的关系进行分析,而整体网络分析则

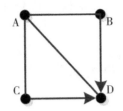

图 3.6 社会网络关系图例

用来说明一个相对封闭的群体或组织的结构特征。从分析层次上看，社会网络分析可被分为：①对行动者的两两关系进行分析的对偶层次；②对某个特定行动者的网络特征进行分析的一元层次；③对网络中的群体进行分析的网络层次。在进行社会网络分析的过程中，一般遵循界定层次、确定网络边界、决定关系维度、收集数据并进行数据分析、呈现分析结果等研究程序。

2.社会网络分析中的中心性分析

中心性是社会网络分析的研究重点之一，是个人或组织在其社会网络中所处的结构位置的重要指标，也是对个体在社会网络中的权力的量化分析。中心性分析又可分为点的中心度（point centrality）和图的中心势（graph centrality）两种，根据本书的研究目标和对象，此处需要对国际旅游供应链中的节点企业的各个"点"的中心度展开研究。根据 Freeman 的观点（Freeman，1979），中心性分析可分为程度中心度、紧密中心度、中介中心度以及特征向量中心度几种类型。

（1）程度中心度（degree centrality）

程度中心度是衡量个体在网络中的中心位置、社会地位以及权力的最重要的指标，拥有高程度中心度的主体，在网络中一般都具有主要的地位。程度中心度可以分为绝对中心度和相对中心度，前者是与该

点直接相连的点的个数,而后者是前者的标准化形式,分别用公式 3.3
和公式 3.4 进行表示。

$$C_D(n_i) = d(n_i) = \sum_j X_{ij} = \sum_j X_{ji} \qquad \text{(公式 3.3)}$$

$$C'_D(n_i) = \frac{d(n_i)}{g-1} \qquad \text{(公式 3.4)}$$

其中,X_{ij} 是 0 或 1 的数值,代表行动者 j 与行动者 i 之间是否存在关
系,g 是该网络中的人数。根据公式 3.3 可知,在社会网络中,程度中
心度就是一个特定主体的关系数量的总和。因为不同网络的节点数量
存在差异,所以标准化公式 3.4 要除以该主体所处网络的最大可能的
关系数量($g-1$)。

具有方向性的社会网络图形的程度中心度又可以被分为外向程度
中心度(out-degree centrality)和内向程度中心度(in-degree centrality)。
外向程度中心度是一个行动者对外关系数量的总和,可用公式 3.5 进
行表示:

$$C_{DO}(n_i) = D_O(n_i) = \sum_{j=1} X_{ij} \qquad \text{(公式 3.5)}$$

标准化公式如公式 3.6 所示:

$$C'_{DO}(n_i) = \frac{d_O(n_i)}{g-1} \qquad \text{(公式 3.6)}$$

内向程度中心度是网络中其他行动者对某个特定行动者关系数量
的总和,计算公式及其标准化公式如公式 3.7 和公式 3.8 所示:

$$C_{DI}(n_i) = D_I(n_i) = \sum_{j=1} X_{ij} \qquad \text{(公式 3.7)}$$

$$C'_{DI}(n_i) = \frac{d_I(n_i)}{g-1} \qquad \text{(公式 3.8)}$$

在社会网络中，内向程度中心度常常可以用来说明一个行动者在网络中的被接纳程度和受欢迎程度，而外向程度中心度则可以用来说明该行动者的影响力。外向程度中心度越高，说明其朋友圈越广，关系越多。按照这两个方面，可以对网络中的节点进行如下分类：

孤立者：$C_{DO}(n_i) = C_{DI}(n_i) = 0$；

传播者：$C_{DI}(n_i) = 0$，$C_{DO}(n_i) > 0$；

接受者：$C_{DI}(n_i) > 0$，$C_{DO}(n_i) = 0$；

承转者或普通者：$C_{DI}(n_i) > 0$，$C_{DO}(n_i) > 0$。

（2）紧密中心度（closeness centrality）

紧密中心度是根据网络中某节点与其他节点之间的距离来计算该节点的中心度的方法，所测量出来的所有点的中心度的总和就是该网络的紧密中心度。网络中各节点之间的总距离越短，说明该网络的紧密中心度越高。其计算公式如公式 3.9 所示：

$$C_C(n_i) = \left[\sum_{j=1}^{g} d(n_i, n_j) \right] \qquad \text{（公式 3.9）}$$

其中，$d(n_i, n_j)$ 表示 n_i 和 n_j 之间的距离，$C_C(n_i)$ 表示节点 n_i 与其他节点的距离的总和的倒数，计算所得的结果越大，表示 n_i 与其他节点的距离越小，n_i 所代表的主体越是趋于网络的中心。

（3）中介中心度（betweenness centrality）

中介中心度常常用来测量行动者对资源、信息以及其他行动者的控制程度，表示一个行动者在网络中充当其他特定的两个行动者的"中介"的程度。在网络社群图上，如果一个点处于其他点对的捷径（最短的途径）上的情况越多，我们就说该点具有较高的中介中心度，其对应的行动者往往具有沟通桥梁的作用。中介中心度的计算公式及其标准化公式如公式 3.10 及公式 3.11 所示：

$$C_B(n_i) = \sum_{j<k} g_{jk}(n_i) / g_{jk} \qquad \text{(公式 3.10)}$$

$$C'_B(n_i) = \frac{2\sum_{j<k} g_{jk}(n_j) / g_{jk}}{(g-1)(g-2)} \qquad \text{(公式 3.11)}$$

如果一个网络中存在切割,形成多个分离的组件,这时就会出现结构洞,如果一个行动者在两个分离的组件中间形成连接,这个行动者就形成了一个"切点"或"桥"。这个行动者一般具有较高的中介中心度,对两个组件之间的信息交流、意见沟通、行动协调起到至关重要的作用;同时,这个行动者也掌握了较多的信息流和商业机会。根据"桥"所发挥的作用及其行为所受的限制,该行动者在网络中可以充当的角色包括协调者(coordinator)、中介者(broker)、守门人(gatekeeper)、发言人(representative)、联络官(liaison)等(Burt,1992)。

如表 3.2 和表 3.4 所示,本研究中共有 11 个关于社会网络分析的题项,分别用以描述国际旅游供应链网络中各个节点企业之间的权力、契约、信任和态度关系。根据社会网络分析方法的要求,需要一个封闭的网络中所有成员同时对问卷进行填答,并将社会网络中所有成员填答的结果制作成一个完整的关系矩阵才能进行下一步分析。因此,本研究选取调查中问卷填答最完整的国际旅游供应链网络,即旅游线路"丽江—大理—昆明—老街—河内—下龙湾"上的所有供应链企业所构成的网络作为本书网络层次分析的样本。该供应链网络共涉及旅游企业 49 家,其中各个业态的企业分布如表 3.14 所示。将这 49 家企业的调研数据进行录入处理后,会得到该旅游供应链网络中各个节点企业之间的权力关系、契约关系、信任关系和态度关系的共 11 个关系矩阵。基于这些关系矩阵,运用社会网络分析软件 UCINET 进行计算,即可得到所需的关系数据,进而通过 QAP 相关分析和 MRQAP 回归分析,对网络层次的研究假设进行验证。

表 3.14 中国和越南国际旅游供应链节点企业数量统计

旅游企业类型	数量/家
旅游运营商	4
旅游代理商	3
景区/景点	15
酒店	14
交通运输企业	8
旅游购物企业	1
旅游演艺企业	4
合计	49

问卷中将列出网络中所有成员的名称或代号,每个受访者依据题项,在对应的节点企业名称下进行勾选,这样就能得到一个整体网络的某种特定的关系数据。就整体社会网络而言,仅有 0 和 1 两种数据,表 3.15 显现了 A 国际旅游供应链中 49 个节点企业之间"权力网络"对应的题项"日常运作中,贵公司必须遵从哪些企业的标准或安排?"收集到的数据所形成的关系矩阵表。企业 01 遵从企业 02 的标准和安排,则 01 与 02 交叉的地方记为 1,反之则记为 0。这样,所有成员所填答的结果便会形成一个由 0 和 1 组成的矩阵,一种关系类型形成一个矩阵,本研究的社会网络量表共有 11 种关系,最终将形成 11 个矩阵。

表 3.15 A 国际旅游供应链权力关系 1 矩阵表

ji	01	02	03	⋯	47	48	49
01	0	1	0	0	0	0	0
02	1	0	0	0	1	0	0
03	1	1	0	0	0	0	0
……	0	1	0	0	0	0	0

续表

ji	01	02	03	⋯	47	48	49
47	1	1	0	0	1	0	0
48	1	0	0	1	0	0	0
49	1	1	0	0	0	0	0

注:表中 01～49 的数字表示 A 国际旅游供应链中 49 个节点企业的编号。当 i、j 两个企业交叉处为 1 时,表示 i 在问卷中选中了 j,反之则记为 0。

假设网络成员数量为 N,则可制作出一个 $N \times N$ 大小的矩阵,矩阵中 i 行与 j 列交叉处的值 Z_{ij} 表示对应的两点(两个网络成员)之间的关系,$Z_{ij}=0$ 表示没有直接连接,$Z_{ij}=1$ 表示有直接连接,这样就形成了一个仅由数字 0 和 1 构成的连接矩阵(adjacent matrix)。将矩阵输入 UCINET 软件后即可计算出每个成员在特定网络中的网络结构位置(程度中心度),并绘制出反映该网络各节点企业之间关系状态的"网络社群图"。

本书将运用程度中心度这种度量方法对国际旅游供应链中的各个节点企业的中心性进行分析。

(二)结构方程模型(SEM)

本书运用结构方程模型(structural equation modeling,SEM)对个体层次所提出的研究架构(假设)进行检验。结构方程模型也称为结构方程建模或协方差结构分析,是基于变量的协方差矩阵来分析变量之间关系的一种统计方法。一个完整的结构方程模型应当包含测量模型(measurement model)和结构模型(structural model)两个次模型。测量模型描述的是潜在变量与观察指标之间的关系,即潜在变量如何被测量和概念化;而结构模型描述的是潜变量之间的关系和其他无法解释的变异量。在采用结构方程模型进行分析之前,首先应当对模型的拟合情况进行考查。这里所说的拟合度是指模型隐含的"再生矩阵"与样本协方差矩阵的接近程度。本书在分析中采用目前应用最为广泛的参数估计方法——极大似然法(maximum likelihood)进行拟合参数估计。同时,采用 AMOS 常用的拟合指数来对模型的拟合优度进行判断,包括 χ^2/df、IFI、NFI、CFI、RMSEA 等,其评价标准如表 3.16 所示。

表 3.16　结构方程模型拟合指数评价标准表

拟合指数名称	χ^2/df	IFI	NFI	NNFI	CFI	RMSEA
标准模型的相关指标	< 3 或 < 5	>0.9 越大越好	>0.9 越大越好	>0.9 越大越好	>0.9 越大越好	< 0.09 越小越好
评价标准释义	卡方与自由度之比	increase of fit index,增量拟合指数	normed fit index,赋范拟合指数	non-normed fit index,非范拟合指数	comparative fit index,比较拟合指数	root mean square error of approximation,近似误差均方根

资料来源:作者根据文献整理。

(三)构造变量的信度和效度分析

信度(reliability)是指测验或量表工具所测得结果的稳定性(stability)和一致性(consistency),最常用的检验方法是 Cronbach 所创的 α 系数,测量工具的信度越高(即 α 系数越大),则测量结果的标准误差越小。α 系数的计算公式为:

$$\alpha = \frac{K}{K-1}\left(1 - \frac{\sum S_i^2}{S^2}\right) \tag{公式 3.12}$$

其中:K 为量表所括的题项数目,$\sum S_i^2$ 为量表题项的方差总和,S^2 为量表题项加总后的方差。

α 系数是介于 0 和 1 之间的数值,关于 α 系数值为多少可被接受,学术界存在许多不同的观点。得到普遍认可的是 DeVellis(1991)的观点,他认为 α 系数值应高于 0.65 才可被接受,0.70～0.80 为比较好,0.80～0.90 则为非常好。本书运用 SPSS 分析软件中的信度分析对每个构造变量的 α 系数值进行计算。

效度(validity)是指能够测到该测验所希望测量到的心理或行为特质的程度,包括内容效度(content validity)、效标关联效度(criterion-related validity)和建构效度(construct validity)。其中,建构效度是一种最为严谨也最为常用的效度检验方法,是指量表能够测量出理论的特质或概念的程度(王保进,2002)。本书将运用 AMOS 软件中的验证性因子分析(confirmatory factor analysis,CFA)对权力网络中心度、契约网络中心度、信任网络中心度、协同态度、协同意向和协同行为各变量进行建构效度分析。根据 Anderson 等(1988)的观点,建构效度可以通过收敛效度(convergent validity)和区别效度(discriminate validity)两个方面来表现。其中,收敛效度最为常用,是通过运行测量模型来看观测项目是否紧密负载在它所测量的构造变量上。本书中对构造变量所进行的效度分析主要是指收敛效度。学者们一般从两个方面来对构造变量的收敛效度加以判断:其一是拟合指数,即结构方程模型中测量模型本身的拟合情况的常用指数;其二是因子负载量,是观测项目在构造变量上的负载情况。一般情况下,因子负载量要大于标准误差的两倍($T>2$),且观测项目在构造变量上的因子负载量应大于 0.50。

(四)其他分析

1.样本的描述性统计分析

样本的描述性统计分析包含两个部分的内容:第一部分是针对样本的基本资料进行的频率和百分比分布情况的描述,以了解样本的基本分布情况;第二部分是对变量的各个观测指标的集中和分散情况进行描述,以了解变量数据的分布情形。

2.相关分析

本研究中有两个部分运用到相关分析。首先,本书通过 AMOS 软件中的验证性因子分析来检验构造变量及其各因子之间的相关关系,得出相关系数矩阵及显著性水平。在相关矩阵中,如果某个变量与其他多数变量的相关系数均未达到显著水平,或相关系数均很低,则表示此变量与其他变量所希望测出的心理或行为特征的同质性不高,可考虑删除此变量。其次,在网络层次分析中,本书通过 QAP 相关分析对网络结构位置的 9 个关系矩阵与协同态度的 3 个关系矩阵之间的相关性进行分析。

3.回归分析

在网络层次的分析中,为更好地探讨网络结构位置与协同态度之间的相关关系,本书提出了 3 个因果模型,并通过 QAP 回归分析(MRQAP)方法探究网络结构位置对协同态度的影响机制。QAP 回归分析是社会关系研究中常用的一种方法,常被用来研究多个矩阵("关系")之间的回归关系。

第四章　国际旅游供应链网络结构研究

——以中国和越南国际旅游供应链为例

　　本章主要从网络层次对国际旅游供应链网络的相关数据进行分析,主要以旅游线路"丽江—大理—昆明—老街—河内—下龙湾"所涉及的 49 家供应链企业的数据为基础,对该旅游供应链网络中"权力网络""契约网络""信任网络"以及"态度网络"的社群图和网络中心性进行分析。同时,对该供应链网络中"权力网络""契约网络""信任网络""态度网络"的 11 个关系矩阵的相关性进行分析,并构建回归模型。

　　社群图分析也称为社会网络图分析,最早来源于数学中的图形理论,是一种通过点和线的形式来描述网络中的行动者及其关系的方法。表示各个点之间关联模式的图形可以被分为无方向图形和有方向图形两种,其中,无方向图形即图形中两个有关联的行动者用不带有箭头的直线进行连接,具有方向的图形则使用单向或双向的箭头对具有关联性的行动者进行连接。这里,单箭头连接的关系称为弱连带关系,表示箭头连接的双方只有其中一方承认关系,这样形成的图形被称为非对称化社会网络图;而与之对应的,用双向的箭头连接的行动者之间形成了强连带关系,即双方均承认彼此之间具有某种特定的连接或关系,这样形成的图形即对称化社会网络图。在本书的研究中,采用具有方向性的图形来对国际旅游供应链网络中各个节点企业之间的网络关系进行描述。

本研究以程度中心度作为测量指标对旅游供应链中的节点企业的个体网络中心性进行分析,进行此分析的目的体现在四方面:首先,对国际旅游供应链中不同类别的企业在网络中所处的结构位置进行描述,从网络的层面展现国际旅游供应链的整体结构特征;其次,为国际旅游供应链核心企业的确定提供可行的方法参考,找到处于国际旅游供应链网络中心位置最具影响力、吸引力和融合力的节点企业;再次,从网络关系的层面出发,找出 8 个网络结构位置关系矩阵(支配性网络、影响网络、依赖性网络、签约网络、履约网络、续约网络、评价网络、信赖网络)与 3 个协同态度关系矩阵(认知态度、情感态度、行为态度)之间存在的相关关系,为后续的协同态度影响机制模型构建奠定基础;最后,从网络层次的视角对网络结构位置对协同态度的影响作用进行分析,为国际旅游供应链网络中构建积极的协同态度提供理论支撑。

一、国际旅游供应链结构和特征分析

(一)中国和越南国际旅游供应链的结构

旅游供应链组成环节包括为使游客体验到完整的旅游过程而参与旅游服务的所有直接的或间接的链环,如直接供应商—间接供应商、旅游运营商—旅游代理商等。从任一环节的供应链参与者来看,其上游关联企业都可以被看作是供方,其本身是上游企业的需方的同时又是下游企业的供方。

为了确定中国和越南国际旅游供应链的网络特征和结构,笔者于2019年3月16—22日对云南省内的旅游企业进行调研,并采用线人法进行资料收集。具体做法是,首先在专家(学者和旅游业从业人员)推荐下选定中越国际旅游供应链中的一家重要企业作为研究对象进行深入访谈,通过访谈对象推荐其他与之合作或关联的供应链节点企业作为下一位访谈者,并以此类推。此次调研的对象包括云南省内具有国际旅游资质的旅行社、为越南游客提供服务的酒店和餐饮企业、旅游汽车公司、承担昆明至越南芽庄旅游包机业务的航空公司、昆明著名的景区等企业的负责人,共29名。通过对访谈内容和文字资料的整理,本书构建了中越国际旅游供应链结构模型:中越国际旅游供应链网络系统的结构由中国和越南两个子网络系统构成,每个子网络又分别由旅游运营商、旅游代理商、直接供应商和间接供应商4个子系统共同构建(见图4.1),中国旅游运营商和越南旅游运营商在两个子网络之间起到了桥梁和纽带的作用,旅游供应链系统运作过程中的资金流、信息流、客流和服务流通过两者之间的交互作用而能够穿越国境线顺利流动。

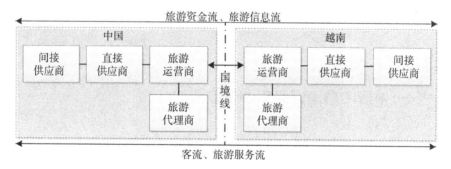

图 4.1　中越国际旅游供应链结构模型

(二)中国和越南国际旅游供应链结构特征

1.旅游运营商的作用至关重要

在中越国际旅游供应链中,旅游运营商大多是规模较大、实力雄厚,且具备国际旅游资质的旅行社。在国际旅游供应链系统中,旅游运营商的角色极其重要,它一方面在本国子网络中协调和统筹资源、设计和营销旅游产品、制定和修正旅游服务标准等;另一方面还充当本国子网络的代理人和联络人,与外国子网络的节点企业进行对接和交流。旅游运营商能力的高下直接决定了旅游供应链中资金流、信息流、客流和服务流在整条供应链中运行的顺畅程度,也决定了国际旅游供应链中节点企业之间合作水平的深入程度。

2.供应链结构关系中的结构洞明显

结构洞(structural hole)指的是社会网络中两个主体之间非冗余的联系(Burt,1992)。如图 4.2 所示,A、B、C 三者与 X 都有关系,但它们三者却不存在联系,因此,X 与三者中的任意两者之间的关系结构就是一个结构洞。

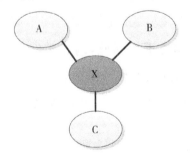

图 4.2　结构洞抽象模型

在中越国际旅游供应链中,共存在着至少 6 个明显的结构洞:中国直接供应商—中国间接供应商—中国旅游运营商;越南直接供应商—越南间接供应商—越南旅游运营商;中国旅游运营商—中国直接供应商—越南旅游运营商;越南旅游运营商—越南直接供应商—中国旅游运营商;中国旅游运营商—中国旅游代理商—越南旅游运营商;越南旅游运营商—越南旅游代理商—中国旅游运营商(见图 4.3)。

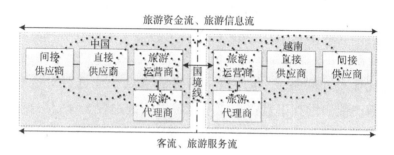

图 4.3　中越国际旅游供应链中的结构洞

3.国境线的阻隔作用显著

国际旅游供应链与国内旅游供应链相比,最明显的区别在于国境线的阻隔作用,这种阻隔的刚性特性表现为对旅行社的资质和对游客的签证要求,以及两国之间货币汇率、国家政策等对旅游的影响作用;而柔性的特性则表现在国境线两侧国家之间不同的语言、文化、习俗等对旅游活动产生的影响方面。因此,构建长期、稳定、协调的旅游供应链协同体系对于提高国际旅游供应链的竞争力和抗风险能力有着积极的作用,同时也有利于供应链上的节点企业降低运营成本,提升国际旅游服务能力。

4."竞争-合作"关系复杂

中越国际旅游供应链内部竞争与合作关系的复杂性主要表现为,旅游运营商与旅游代理商之间、旅游供应商与旅游运营商之间、两国的旅游运营商之间等都存在复杂的竞合关系。一般情况下,旅游散客由旅游代理商承接之后会转交给旅游运营商,再由旅游运营商"拼团"之后交由国外的旅游运营商完成所有的旅游服务,旅游运营商与旅游代理商之间是合作关系。但在实际的操作过程中,受利益和机会主义驱使,旅游运营商也会主动承接散客,与旅游代理商之间产生竞争关系。另外,旅游供应商与旅游运营商之间,以及两国的旅游运营商之间存在的供需关系属于合作关系的一种,但部分企业为了自身利益的最大化,会做出违反契约和规范的行为,使原有的良好的合作关系受到破坏。

二、国际旅游供应链网络的社群图和中心性分析

基于 Peck 和 Jutner(2000)等的观点以及旅游供应链运作中的实际情况,可将旅游供应链节点企业之间的关系划分为权力、契约和信任三种不同的网络,运用这三种网络可以直观、准确地反映出旅游供应链中各个节点企业之间的各种重要关系。

(一)国际旅游供应链网络的权力网络分析

本书关于权力网络中心性的分析共涉及 3 个题项,分别对应支配

性网络、影响网络和依赖性网络 3 个不同的子网络(见表 4.1)。

表 4.1　权力网络及其对应的子网络和题项

题号	网络	子网络	题项
N1	权力网络	支配性网络	日常运作中,贵公司必须遵从哪些企业的标准或安排?
N2		影响网络	哪些企业的行为对贵公司存在最具权威性的影响?
N3		依赖性网络	贵公司的资源和信息依赖于哪些企业?

1.中国和越南国际旅游供应链权力网络的社群图分析

将调研所得的数据分别编制成 3 个不同的网络数据矩阵(支配性网络、影响网络和依赖性网络)并输入 UCINET 软件中进行计算,便可以分别得到 3 个不同的网络社群图(如图 4.4、图 4.5 和图 4.6 所示)。中越国际旅游供应链权力网络的 3 个网络社群图都是具有方向性的图形,由图 4.4、图 4.5 和图 4.6 可见,网络图中既有单向的箭头,也有双向的箭头,表现出一种非对称化的网络形式,图中每个节点凝聚的箭头越多说明该节点拥有越多的网络权力。

(1)中国和越南国际旅游供应链网络的权力网络中的支配性网络社群图分析

由图 4.4(支配性网络社群图)可见节点 1 和 2(代表中国旅游运营商)汇聚的箭头最多,即在中越国际旅游供应链网络中最具有支配性;其次是节点 3、4(代表中国旅游代理商)和节点 33、34(代表越南旅游运营商);第三个层次节点是 24、25(代表中国旅游汽车企业)和节点 32、35(代表越南旅游汽车公司、越南旅游代理商);其余的企业均处在较为边陲的位置,即对于网络中的其他节点企业不具有太大的支配性。

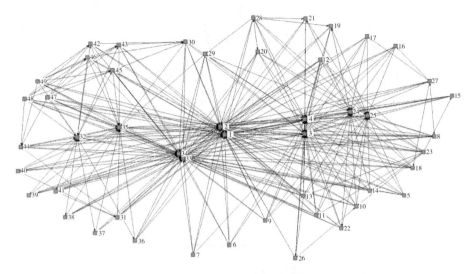

图 4.4　支配性网络社群图

资料来源：UCINET 数据分析结果。

（2）中国和越南国际旅游供应链网络的权力网络中的影响网络社群图分析

由影响网络社群图（图 4.5）可见，节点 1 和 2（代表中国旅游运营商）、节点 3 和 4（代表中国旅游代理商）、节点 33 和 34（代表越南旅游运营商）的影响力都比较相近，都汇聚了网络中较多的箭头；节点 29（代表中国航空公司）、节点 30（代表越南铁路总公司）和节点 35（代表越南旅游代理商）次之；其余的节点企业汇聚的箭头都较少，对于网络中其他节点企业的影响力有限。

（3）中国和越南国际旅游供应链网络的权力网络中的依赖性网络社群图分析

图 4.6 描述的是中越国际旅游供应链网络的依赖性关系，图形非常明显地呈现出两个团簇：其一是以节点 33 和 34（代表越南旅游运营商）以及 35（代表越南旅游代理商）为中心；其二是以节点 1、2（代表中

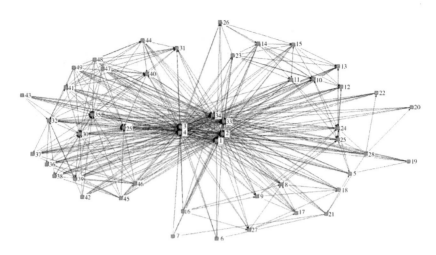

图 4.5　影响网络社群图

资料来源：UCINET 数据分析结果。

国旅游运营商）和 3、4（代表中国旅游代理商）为中心。这两个团簇的中心汇聚了图形中最多的箭头，说明中越国际旅游供应链网络中其他企业对于这些企业的依赖性最强。

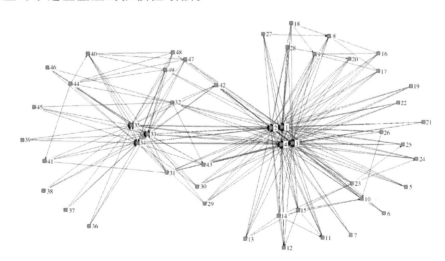

图 4.6　依赖性网络社群图

资料来源：UCINET 数据分析结果。

2.中国和越南国际旅游供应链权力网络的个体中心度分析

基于 UCINET 软件计算的结果,笔者对中越国际旅游供应链权力网络程度中心度指数大于 2 的节点企业进行了汇总(见表 4.2)。由表中数据可以看出企业 1 和 2 代表的是中国的旅游运营商,在支配性网络、影响网络和依赖性网络这三个子网络中的中心度都最高,居于网络的中心位置,与社群图中的描绘保持一致;企业 33 和 34 代表的是越南的旅游运营商,其中心度在支配性网络和影响网络中排名第 2 和第 3 位,在依赖性网络中排名第 5 和第 6 位,与其在社群图中的表现相符,也处于较为核心的地位,具有较高的影响力;企业 3、4 代表的是中国的旅游代理商,其中心度在支配性网络和影响网络中排名第 5 和第 6 位,在依赖性网络中排名第 3 和第 4 位;企业 35 代表的是越南的旅游代理商,在权力网络的这三个子网络中,其中心度均排名第 7 位。这些企业也具有较高的影响网络程度中心度,在中越国际旅游供应链中具有较高的权力和影响力。

表 4.2　权力网络程度中心度汇总表

排名	支配性网络			影响网络			依赖性网络		
	企业代号	Dgr	NrmDgr	企业代号	Dgr	NrmDgr	企业代号	Dgr	NrmDgr
1	1	48	100.00	1	48	100.00	1	39	81.25
2	2	48	100.00	2	48	100.00	2	39	81.25
3	33	36	75.00	33	44	91.67	3	36	75.00
4	34	36	75.00	34	44	91.67	4	36	75.00
5	3	32	66.67	3	42	87.50	33	24	50.00
6	4	31	64.58	4	42	87.50	34	24	50.00
7	35	24	50.00	35	24	50.00	35	23	47.92
8	24	23	47.92	29	23	47.92	32	12	25.00
9	25	22	45.83	30	22	45.83	15	9	18.75

续表

排名	支配性网络			影响网络			依赖性网络		
	企业代号	Dgr	NrmDgr	企业代号	Dgr	NrmDgr	企业代号	Dgr	NrmDgr
10	32	19	39.58	32	20	41.67	31	9	18.75
11	23	12	25.00	40	16	33.33	14	9	18.75
12	30	11	22.92	41	16	33.33	44	9	18.75
13	49	11	22.92	48	14	29.17	42	8	16.67
14	47	11	22.92	49	14	29.17	43	8	16.67
15	48	11	22.92	45	14	29.17	40	8	16.67
16	28	10	22.83	46	14	29.17	23	8	16.67
17	44	10	22.83	47	14	29.17	8	8	16.67
18	45	10	22.83	24	13	27.10	48	7	14.58
19	43	10	22.83	31	13	27.10	30	7	14.58
20	42	10	22.83	14	13	27.10	49	7	14.58
21	46	10	22.83	15	13	27.10	9	7	14.58
22	13	10	22.83	25	13	27.10	10	7	14.58
23	10	10	22.83	44	13	27.10	47	7	14.58
24	14	9	18.75	10	13	27.10	12	6	12.50
25	29	9	18.75	23	13	27.10	13	6	12.50
26	18	9	18.75	36	12	25.00	29	6	12.50
27	8	9	18.75	39	12	25.00	18	6	12.50
28	12	9	18.75	13	12	25.00	16	6	12.50
29	11	9	18.75	38	12	25.00	17	6	12.50
30	20	9	18.75	37	12	25.00	11	6	12.50
31	27	8	16.67	8	12	25.00	27	5	10.42
32	31	8	16.67	28	12	25.00	25	5	10.42
33	9	8	16.67	11	12	25.00	24	5	10.42
34	22	8	16.67	12	11	22.92	28	5	10.42
35	5	8	16.67	9	11	22.92	26	5	10.42
36	15	7	14.58	5	10	22.83	20	5	10.42
37	19	7	14.58	18	9	18.75	41	5	10.42
38	17	7	14.58	43	9	18.75	21	4	8.33

续表

排名	支配性网络			影响网络			依赖性网络		
	企业代号	Dgr	NrmDgr	企业代号	Dgr	NrmDgr	企业代号	Dgr	NrmDgr
39	21	7	14.58	42	9	18.75	7	4	8.33
40	16	7	14.58	16	9	18.75	45	4	8.33
41	41	7	14.58	17	9	18.75	22	4	8.33
42	40	7	14.58	27	8	16.67	6	4	8.33
43	6	6	12.50	26	8	16.67	19	4	8.33
44	26	6	12.50	21	8	16.67	5	4	8.33
45	39	6	12.50	22	7	14.58	46	4	8.33
46	37	6	12.50	19	6	12.50	39	3	6.25
47	38	6	12.50	20	5	10.42	38	3	6.25
48	36	6	12.50	6	5	10.42	36	3	6.25
49	7	5	10.42	7	5	10.42	37	3	6.25

资料来源：作者根据 UCINET 计算结果整理。

注：Dgr(Degree)为个体网络程度中心度；Nrm Dgr(Normalized Degree)为标准化后的个体网程度中心度。下同。

(二)国际旅游供应链网络的契约网络分析

如表 4.3 所示,本书关于契约网络的研究共涉及 3 个问题,分别对应签约网络、履约网络和续约网络这 3 个不同的子网络。关于中越国际旅游供应链网络的契约网络分析同样包含社群图分析和中心度分析两个部分。

表 4.3 契约网络及其对应的子网络和题项

题号	网络	子网络	题项
N4	契约网络	签约网络	贵公司与哪些企业签订过合作契约(协议、合同等)?
N5		履约网络	哪些企业能很好地履行与贵公司签订的契约?
N6		续约网络	下一个合约期,贵公司有意向签订契约的企业有哪些?

1.中国和越南国际旅游供应链契约网络的社群图分析

将调研所得的数据分别编制成 3 个不同的网络数据矩阵（签约网络、履约网络和续约网络）并输入 UCINET 软件中进行计算，便可以分别得到 3 个不同的网络社群图（见图 4.7、图 4.8 和图 4.9）。中越国际旅游供应链契约网络的 3 个网络社群图都是具有方向性的图形，图中既有单向的箭头，也有双向的箭头，表现出一种非对称化的网络形式。

（1）中国和越南国际旅游供应链网络的契约网络中的签约网络社群图分析

由图 4.7（签约网络社群图）可见，节点 1、2（代表中国旅游运营商），节点 3、4（代表中国旅游代理商）和节点 33、34（代表越南旅游运营商）汇聚的箭头最多，表明在中越国际旅游供应链网络中，其他企业与这些节点所代表的企业签订契约的数量最多。

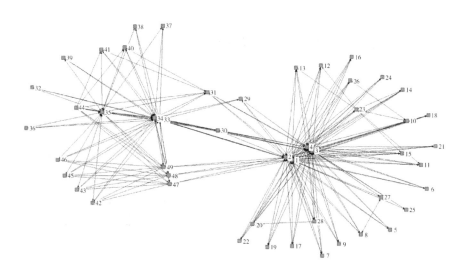

图 4.7　签约网络社群图

资料来源：UCINET 数据分析结果。

（2）中国和越南国际旅游供应链网络的契约网络中的履约网络社群图分析

图 4.8 为履约网络社群图，图中节点汇聚的箭头越多，代表该企业在履行契约方面的行为越为中越国际旅游供应链网络中的其他节点企业所认可。与签约网络社群图（图 4.7）相似，节点 1 和 2（代表中国旅游运营商）、节点 3 和 4（代表中国旅游代理商）、节点 33 和 34（代表越南旅游运营商）汇聚的箭头最多，表明这些企业在供应链中表现出了良好的履约行为。对照图 4.7 可知，这些企业在该旅游供应链网络中是与其他节点企业签约数量最多的，这也是它们在履约网络中得到票数较高的一个重要原因。此处虽然不能说明这些企业的履约诚信度在供应链中最高，但至少可以说明它们的履约行为得到了与其签约的其他节点企业的认可。

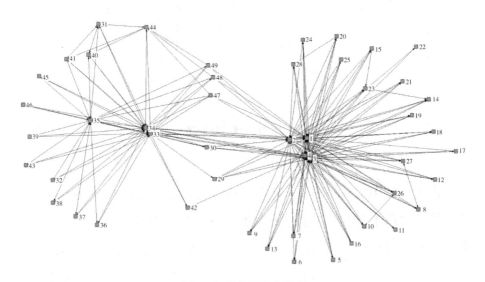

图 4.8　履约网络社群图

资料来源：UCINET 数据分析结果。

（3）中国和越南国际旅游供应链网络的契约网络中的续约网络社群图分析

图 4.9 描述的是中越国际旅游供应链网络的续约关系,图形同样和图 4.7 很相似:节点 1 和 2(代表中国旅游运营商)、节点 3 和 4(代表中国旅游代理商)、节点 33 和 34(代表越南旅游运营商)汇聚的箭头最多,表明在下一个合约期,供应链中的其他节点企业更愿意与这些企业继续建立契约关系。

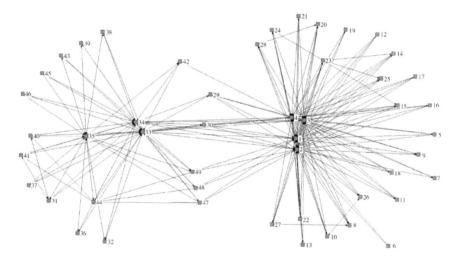

图 4.9　续约网络社群图

资料来源:UCINET 数据分析结果。

由图 4.7、图 4.8 和图 4.9 可以看出,中越国际旅游供应链的 3 个契约网络社群图十分相似,这与旅游供应链网络中契约关系的特殊性有关。在旅游行业中,大部分的合作都建立于平等的契约之上,而双方一旦建立起契约关系,为了避免成本的增加,同时便于服务质量的把控,除非遇上不可抗拒因素和重大问题,一般企业很少更换合作伙伴。因此,长期合作建立起来的契约加信任关系,使得企业之间的这种合作关系能够维持长期的稳定状态。

2.中国和越南国际旅游供应链契约网络的中心度分析

基于 UCINET 软件计算的结果,笔者对中越国际旅游供应链契约网络程度中心度指数大于 2 的节点企业进行了汇总(见表 4.4)。表中数据显示在签约网络、履约网络和续约网络这三个子网络中的中心度排名;其中排名第一,即中心度最高的是代表中国的旅游运营商的企业 1 和 2;其次是代表中国的旅游代理商的企业 3 和 4;接着是代表越南的旅游运营商的企业 33 和 34。这些企业在签约网络、履约网络和续约网络这三个子网络中的中心度表现基本一致,且与其在社群图中的表现相符。这些企业都具有较高的网络中心度,表明这些企业在中越国际旅游供应链中不论是在过去还是将来,基于其良好的履约行为,与其他企业建立的契约关系都是最多的。

表 4.4　契约网络程度中心度汇总表

排名	签约网络			履约网络			续约网络		
	企业代号	Dgr	NrmDgr	企业代号	Dgr	NrmDgr	企业代号	Dgr	NrmDgr
1	1	34	70.83	1	33	68.75	2	33	68.75
2	2	34	70.83	2	31	64.58	1	32	66.67
3	3	31	64.58	4	31	64.58	4	30	62.50
4	4	31	64.58	3	29	60.42	3	29	60.42
5	33	23	47.92	33	23	47.92	33	23	47.92
6	34	23	47.92	34	22	45.83	34	23	47.92
7	35	19	39.58	35	17	35.42	35	19	39.58
8	23	10	20.83	44	8	16.67	44	8	16.67
9	48	10	20.83	30	7	14.58	23	8	16.67
10	31	10	20.83	31	6	12.50	30	7	14.58
11	47	10	20.83	23	6	12.50	49	6	12.50
12	49	10	20.83	48	6	12.50	48	6	12.50
13	44	9	18.75	49	6	12.50	29	6	12.50

续表

排名	签约网络			履约网络			续约网络		
	企业代号	Dgr	NrmDgr	企业代号	Dgr	NrmDgr	企业代号	Dgr	NrmDgr
14	30	7	14.58	47	6	12.50	47	6	12.50
15	45	6	12.50	15	5	10.42	31	5	10.42
16	46	6	12.50	40	5	10.42	15	5	10.42
17	29	6	12.50	14	5	10.42	40	5	10.42
18	42	6	12.50	27	5	10.42	24	5	10.42
19	43	6	12.50	10	5	10.42	25	5	10.42
20	10	6	12.50	8	5	10.42	14	5	10.42
21	14	5	10.42	28	5	10.42	27	5	10.42
22	15	5	10.42	29	5	10.42	10	5	10.42
23	8	5	10.42	26	5	10.42	8	5	10.42
24	12	5	10.42	41	5	10.42	28	5	10.42
25	13	5	10.42	20	5	10.42	26	5	10.42
26	26	5	10.42	18	4	8.33	41	5	10.42
27	27	5	10.42	12	4	8.33	20	5	10.42
28	40	5	10.42	19	4	8.33	18	4	8.33
29	41	5	10.42	21	4	8.33	21	4	8.33
30	28	5	10.42	13	4	8.33	19	4	8.33
31	20	5	10.42	6	4	8.33	42	4	8.33
32	11	5	10.42	7	4	8.33	13	4	8.33
33	6	4	8.33	9	4	8.33	9	4	8.33
34	9	4	8.33	16	4	8.33	22	4	8.33
35	7	4	8.33	5	4	8.33	5	4	8.33
36	24	4	8.33	24	4	8.33	12	4	8.33
37	25	4	8.33	25	4	8.33	16	4	8.33
38	5	4	8.33	11	4	8.33	17	4	8.33
39	21	4	8.33	39	3	6.25	11	4	8.33
40	16	4	8.33	46	3	6.25	39	3	6.25
41	17	4	8.33	38	3	6.25	7	3	6.25
42	18	4	8.33	42	3	6.25	36	3	6.25

续表

排名	签约网络			履约网络			续约网络		
	企业代号	Dgr	NrmDgr	企业代号	Dgr	NrmDgr	企业代号	Dgr	NrmDgr
43	19	4	8.33	43	3	6.25	43	3	6.25
44	22	4	8.33	32	3	6.25	38	3	6.25
45	38	3	6.25	45	3	6.25	45	3	6.25
46	39	3	6.25	37	3	6.25	46	3	6.25
47	32	3	6.25	17	3	6.25	32	3	6.25
48	36	3	6.25	36	3	6.25	37	3	6.25
49	37	3	6.25	22	2	4.17	6	2	4.17

资料来源:作者根据 UCINET 计算结果整理。

注:Dgr(Degree)为个体网络程度;Nrm(NrmDegree)为标准化后的个体网络程度。

(三)国际旅游供应链网络的信任网络分析

如表 4.5 所示,本书关于信任网络的研究共涉及两个问题,分别对应评价网络和信赖网络这两个不同的子网络。关于中越国际旅游供应链网络的信任网络分析也包含社群图分析和中心度分析两个部分。

表 4.5　信任网络及其对应的子网络和题项

题号	网络	测量内容	题项
N7	信任网络	评价网络	哪些企业在业界享有较好的信誉?
N8		信赖网络	与哪些企业合作是贵公司的领导层最放心的?

1.中国和越南国际旅游供应链信任网络的社群图分析

将调研所得的数据分别编制成两个不同的网络数据矩阵(评价网络和信赖网络)并输入 UCINET 软件中进行计算,便可以分别得到两个不同的网络社群图(如图 4.10 和图 4.11 所示)。中越国际旅游供应链信任网络的两个网络图都是具有方向性的图形,图 4.10 和图 4.11 这两个网络图中既有单向的箭头,也有双向的箭头,表现出一种非对称化的网络形式。

(1)中国和越南国际旅游供应链网络的信任网络中的评价网络社群图分析

图 4.10 为评价网络社群图,可见节点之间的连接非常密集,表明中越国际旅游供应链内部各个节点企业之间相互认可的程度较高,大部分供应链内部的节点企业之间的相互评价也较好。其中,位于社群图较为中心位置的企业包括这样几类:其一,中越两国的旅游运营商(企业 1、2、33、34);其二,中越两国的旅游代理商(企业 3、4、35);其三,中越两国的旅游景区和景点(企业 5~13 以及企业 36~41);其四,中国的航空公司(企业 29)。这些企业在评价网络图中汇聚的箭头数量最多,即得到的评价和认可程度也最高。

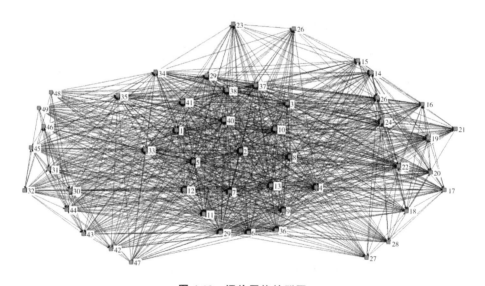

图 4.10　评价网络社群图

资料来源:UCINET 数据分析结果。

（2）中国和越南国际旅游供应链网络的信任网络中的信赖网络社群图分析

图4.11为信赖网络社群图，图中节点汇聚的箭头越多，代表该企业在中越国际旅游供应链网络中越得到其他节点企业的信赖。信赖网络社群图中连接线条的密集程度与处于网络中心位置的节点企业情况都与评价网络社群图（图4.10）极为相似。这说明，在旅游供应链网络中，只有在业内享有较高的声誉和威望才能获取其他企业的信赖和认可。

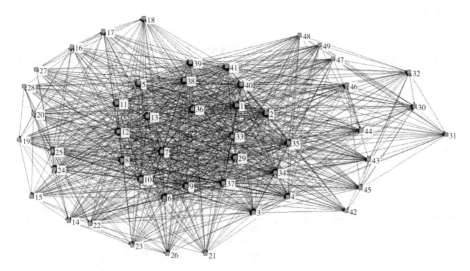

图4.11　信赖网络社群图

资料来源：UCINET数据分析结果。

2.中国和越南国际旅游供应链信任网络的中心度分析

基于UCINET软件计算的结果，笔者对中越国际旅游供应链契约网络程度中心度指数大于2的节点企业进行了汇总（见表4.6）。从总体来看，表中数据显示供应链中的各个节点企业在由评价网络和信赖网络这两个子网络构成的信任网络中的中心度分值均高于权力网络和契约网络。这表明,中越国际旅游供应链网络中,经过长期、稳定的合作各个节点企业之间已经建立起了较为良好的信任关系。其中,旅行社企业(包括旅游运营商和代理商)仍然占据信任网络中心度较高的位置;其次,旅游景区和景点以及航空公司也表现出较高的中心度。这表明旅行社企业如其在同契约网络和信任网络中的表现一样,仍然是该供应链网络中最具有影响力和权力的节点企业;而旅游景区和景点由于其特殊的属性,大部分在业内具有较高的评价,也为大多数节点企业所熟知和信赖。

表 4.6 信任网络程度中心度汇总表

排名	评价网络			信赖网络		
	企业代号	Dgr	NrmDgr	企业代号	Dgr	NrmDgr
1	1	48	100.00	1	48	100.00
2	2	48	100.00	2	48	100.00
3	39	48	100.00	33	48	100.00
4	40	48	100.00	40	48	100.00
5	5	48	100.00	29	48	100.00
6	6	48	100.00	41	48	100.00
7	7	48	100.00	36	47	97.92
8	8	48	100.00	37	47	97.92
9	9	48	100.00	39	47	97.92
10	10	48	100.00	38	47	97.92
11	11	48	100.00	34	46	95.83
12	12	48	100.00	6	45	93.75
13	13	48	100.00	7	45	93.75
14	38	48	100.00	8	45	93.75
15	36	48	100.00	9	45	93.75
16	37	48	100.00	10	45	93.75

续表

排名	评价网络			信赖网络		
	企业代号	Dgr	NrmDgr	企业代号	Dgr	NrmDgr
17	41	48	100.00	11	45	93.75
18	29	48	100.00	12	45	93.75
19	3	47	97.92	13	45	93.75
20	4	47	97.92	35	45	93.75
21	33	46	95.83	5	45	93.75
22	34	44	91.67	3	43	89.58
23	35	40	83.33	4	43	89.58
24	24	37	77.08	24	37	77.08
25	25	37	77.08	25	37	77.08
26	14	35	72.92	20	32	66.67
27	15	34	70.83	19	32	66.67
28	22	34	70.83	44	30	62.50
29	44	33	68.75	22	29	60.42
30	30	33	68.75	14	29	60.42
31	19	33	68.75	46	29	60.42
32	16	33	68.75	15	28	58.33
33	20	32	66.67	45	28	58.33
34	18	32	66.67	23	28	58.33
35	31	32	66.67	43	28	58.33
36	32	31	64.58	17	28	58.33
37	45	30	62.50	16	28	58.33
38	17	30	62.50	18	27	56.25
39	46	30	62.50	48	27	56.25
40	43	30	62.50	26	27	56.25
41	42	29	60.42	49	27	56.25
42	23	27	56.25	47	27	56.25
43	21	27	56.25	28	27	56.25

续表

排名	评价网络			信赖网络		
	企业代号	Dgr	NrmDgr	企业代号	Dgr	NrmDgr
44	26	27	56.25	27	26	54.17
45	48	27	56.25	21	26	54.17
46	28	27	56.25	42	25	52.08
47	47	27	56.25	30	24	50.00
48	49	27	56.25	32	23	47.92
49	27	26	54.17	31	19	39.58

资料来源:作者根据 UCINET 计算结果整理。

注:Dgr(Degree)为个体网络程度中心度;Nrm(NrmDegree)为标准化后的个体网络程度中心度。

(四)国际旅游供应链网络的态度网络分析

如表 4.7 所示,本书关于态度网络的研究共涉及 3 个题项,分别对应态度认知、态度情感和态度行为这三个不同的子网络。关于中越国际旅游供应链网络的态度网络分析也包含社群图分析和中心度分析两个部分。

表 4.7　态度网络及其对应的子网络和题项

题号	网络	测量内容	题项
N9		态度认知网络	贵公司认为可以与之开展协同合作的企业是?
N10	态度网络	态度情感网络	贵公司愿意与之开展协同合作的企业是?
N11		态度行为网络	贵公司已经或是将要与之开展协同合作的企业是?

1.中国和越南国际旅游供应链态度网络的社群图分析

将调研所得的数据分别编制成 3 个不同的网络数据矩阵(态度认知网络、态度情感网络和态度行为网络)并输入 UCINET 软件中进行计算,便可以分别得到 3 个不同的网络社群图(如图 4.12、图 4.13 和图

4.14 所示)。中越国际旅游供应链态度网络的 3 个网络社群图都是具有方向性的图形,图 4.12、图 4.13 和图 4.14 这三个网络图中既有单向的箭头,也有双向的箭头,表现出一种非对称化的网络形式。

(1)中国和越南国际旅游供应链网络的态度网络中的态度认知网络社群图分析

图 4.12 是中越国际旅游供应链态度认知网络社群图,是对网络中的节点企业对于其他哪些企业可以进行协同合作的认知的描述。图形中的节点汇聚越多的箭头,代表该节点对应的企业被其他企业认为可以进行协同合作的可能性越大。图 4.12 中,代表旅行社企业(包括旅游运营商和供应商)的节点 1、2、3、4 和节点 33、34、35 的优势非常明显,汇聚了最多的箭头。这表明在中越国际旅游供应链网络中,大部分节点企业认为首先应当同这些企业建立协同合作的关系。另外,代表旅游汽车企业的节点 24 和 25 也汇聚了较多的箭头,这也凸显出了旅游汽车行业在旅游供应链中的重要位置以及其他企业与其建立协同合作的需求。

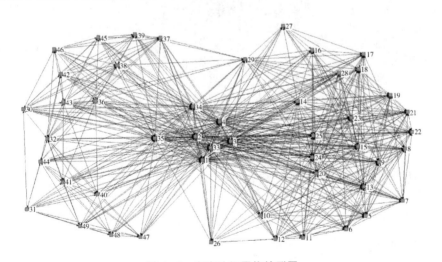

图 4.12　态度认知网络社群图

资料来源:UCINET 数据分析结果。

（2）中国和越南国际旅游供应链网络的态度网络中的态度情感网络社群图分析

图 4.13 为态度情感网络社群图，是对网络中的节点企业对于自己愿意与其他哪些企业进行协同合作的情感和意愿的描述。图中节点汇聚的箭头越多，代表该企业在协同合作方面越容易为其他节点企业在情感上所接受和认可。与图 4.12 相似，图 4.13 中代表旅行社企业（包括旅游运营商和供应商）的节点 1、2、3、4、33、34、35 和代表旅游汽车企业的节点 24、25 汇聚了较多的箭头，进一步证明了这些企业在中越国际旅游供应链网络协同合作中的重要位置和核心作用。

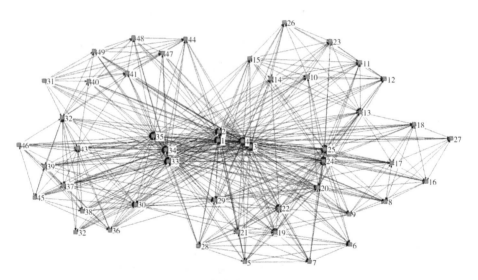

图 4.13　态度情感网络社群图

资料来源：UCINET 数据分析结果。

（3）中国和越南国际旅游供应链网络的态度网络中的态度行为网络社群图分析

图 4.14 描述的是中越国际旅游供应链网络中的态度行为关系，是在实践中节点企业已经或者即将开展协同合作的对象的情况。汇聚的

箭头越多,表明该企业得到的协同合作的机会也就越多。虽然中越国际旅游供应链上的节点企业大多具有国际旅游资质或为外国游客提供服务的能力和资质,但由于国际旅游供应链网络结构的特殊性,供应链中的节点企业在选择协同合作伙伴时也以本国的旅游企业为主,而别国的旅游企业也只涉及旅行社企业。这使得旅游供应链协同合作的行为在实践中形成了两个子群,而旅行社企业在这两个子群中充当了中间人的角色。

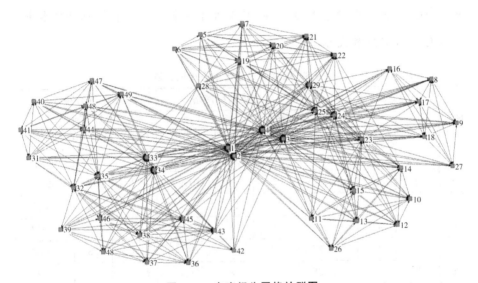

图 4.14　态度行为网络社群图

资料来源:UCINET 数据分析结果。

2.中国和越南国际旅游供应链态度网络的中心度分析

基于 UCINET 软件计算的结果,笔者对中越国际旅游供应链态度网络程度中心度指数大于 2 的节点企业进行了汇总(见表 4.8)。从总体来看,表中数据显示供应链中的各个节点企业在由态度认知网络、态度情感网络和态度行为网络这三个子网络构成的态度网络的中心度分布情况与社群图描述的相似。中心度排名最高的还是旅行社企业(包括旅游运营商和代理商),这表明,旅行社企业仍然是中越国际旅游供应链网络中最具有影响力和权力的节点企业,更多的企业愿意与其建立协同合作的关系。其次,交通运输企业也表现出较高的态度中心度。这说明在当今旅游行业大量实行交通运输服务外包的环境中,交通运输企业在旅游供应链中的作用越来越重要,对于整个旅游供应链的成本和风险控制,以及整个旅游流程的顺畅完成具有至关重要的作用,供应链中的其他节点企业也关注到了这种重要性,产生了与其建立协同合作关系的意愿和需求。

表 4.8 态度网络程度中心度汇总表

排名	态度认知网络			态度情感网络			态度行为网络		
	企业代号	Dgr	NrmDgr	企业代号	Dgr	NrmDgr	企业代号	Dgr	NrmDgr
1	1	48	100.00	1	47	97.92	1	48	100.00
2	2	48	100.00	2	47	97.92	2	48	100.00
3	33	48	100.00	4	45	93.75	3	38	79.17
4	4	46	95.83	3	44	91.67	4	38	79.17
5	3	45	93.75	33	38	79.17	24	28	58.33
6	34	43	89.58	34	38	79.17	25	28	58.33
7	35	37	77.08	35	36	75.00	33	27	56.25
8	20	29	60.42	24	29	60.42	34	27	56.25
9	24	29	60.42	25	29	60.42	23	23	47.92
10	25	29	60.42	20	24	50.00	35	22	45.83
11	14	26	54.17	29	24	50.00	32	21	43.75
12	15	26	54.17	30	21	43.75	29	19	39.58
13	13	26	54.17	22	21	43.75	28	18	37.50
14	29	25	52.08	32	21	43.75	22	16	33.33
15	9	25	52.08	21	20	41.67	21	15	31.25

续表

排名	态度认知网络			态度情感网络			态度行为网络		
	企业代号	Dgr	NrmDgr	企业代号	Dgr	NrmDgr	企业代号	Dgr	NrmDgr
16	23	25	52.08	19	20	41.67	45	15	31.25
17	22	23	47.92	13	20	41.67	14	15	31.25
18	21	23	47.92	43	19	39.58	19	15	31.25
19	19	23	47.92	14	18	37.50	20	15	31.25
20	8	22	45.83	9	18	37.50	43	15	31.25
21	18	22	45.83	15	17	35.42	48	14	29.17
22	10	22	45.83	28	17	35.42	15	14	29.17
23	5	21	43.75	10	17	35.42	47	14	29.17
24	32	21	43.75	38	16	33.33	49	14	29.17
25	6	20	41.67	36	16	33.33	44	14	29.17
26	7	20	41.67	39	16	33.33	46	14	29.17
27	12	20	41.67	37	16	33.33	6	13	27.08
28	28	20	41.67	17	15	31.25	18	13	27.08
29	11	20	41.67	5	15	31.25	17	13	27.08
30	36	20	41.67	41	15	31.25	30	13	27.08
31	43	19	39.58	45	15	31.25	7	13	27.08
32	17	19	39.58	8	15	31.25	5	13	27.08
33	16	19	39.58	40	15	31.25	16	13	27.08
34	38	18	37.50	12	14	29.17	11	13	27.08
35	39	17	35.42	47	14	29.17	13	13	27.08
36	30	17	35.42	48	14	29.17	10	13	27.08
37	37	17	35.42	49	14	29.17	31	13	27.08
38	44	17	35.42	44	14	29.17	39	12	25.00
39	42	17	35.42	46	14	29.17	12	12	25.00
40	40	16	33.33	11	14	29.17	38	12	25.00
41	41	16	33.33	18	13	27.08	36	12	25.00

续表

排名	态度认知网络			态度情感网络			态度行为网络		
	企业代号	Dgr	NrmDgr	企业代号	Dgr	NrmDgr	企业代号	Dgr	NrmDgr
42	45	16	33.33	6	13	27.08	41	12	25.00
43	46	15	31.25	7	13	27.08	40	12	25.00
44	26	14	29.17	23	13	27.08	37	12	25.00
45	27	14	29.17	16	13	27.08	9	11	22.92
46	49	14	29.17	31	13	27.08	26	11	22.92
47	47	14	29.17	26	11	22.92	8	11	22.92
48	48	14	29.17	42	10	20.83	27	10	20.83
49	31	13	27.08	27	9	18.75	42	9	18.75

资料来源:作者根据 UCINET 计算结果整理。

注:Dgr(Degree)为个体网络程度中心度;Nrm(NrmDegree)为标准化后的个体网络程度中心度。

三、国际旅游供应链网络的 QAP 相关分析

QAP(二次指派程序)是一种用来计算矩阵相似性的方法和技术,是社会网络分析方法中用来对两种关系矩阵之间的相关关系进行研究的方法。其实质是将每个矩阵中的所有取值看成一个长向量,每个向量包含 $n(n-1)$ 个数字(对角线上的数字忽略不计),然后在对矩阵数据进行成百上千次的置换和重新抽样的基础上,对矩阵中的各个格值和矩阵之间的结构进行比较,从而给出两个矩阵之间的相关系数,同时对系数进行非参数检验。

本书利用 UCINET 6 软件中的 QAP 分析工具对中越国际旅游供应链网络中的权力网络(包括:支配性网络、影响网络、依赖性网络)、契

约网络(包括:签约网络、履约网络、续约网络)、信任网络(包括:评价网络、信赖网络)、态度网络(包括:态度认知网络、态度情感网络、态度行为网络)共 11 个网络矩阵的相关性进行计算,以判断这些网络之间是否具有相关性。目的在于探讨节点企业之间进行协同合作的态度网络矩阵是否受到权力网络、契约网络和信任网络矩阵的影响以及影响的程度如何。

QAP 分析计算结果显示,11 个网络矩阵的相关系数均具有较高的显著性水平($p < 0.001$)。其中,态度情感网络与态度认知网络的相关系数最高,为 0.875;信赖网络和评价网络的相关系数次之,为 0.874;态度行为网络和态度情感网络的相关系数第三,为 0.870。可见,态度行为的产生受到态度情感的影响,而态度情感积极与否又受到态度认知的影响;其次,供应链中企业之间的信赖关系的产生也受到业界对该企业的评价的显著影响。另外,由于旅游供应链网络之间的契约关系具有长期性、稳定性和部分不可替代性等特征,中越国际旅游供应链网络中的 3 个契约网络——签约网络、履约网络、续约网络相互之间的相关性也较高,相关系数分别为 0.845、0.845、0.861。其余的各个矩阵之间的相关系数均在 0.200~0.793 之间,具体的相关系数如表 4.9 所示。

表 4.9　各网络矩阵的相关性

		支配性	影响	依赖性	签约	履约	续约	评价	信赖	认知	情感	行为
权力网络	支配性	1.000										
	影响	0.564	1.000									
	依赖性	0.680	0.553	1.000								
契约网络	签约	0.486	0.469	0.567	1.000							
	履约	0.423	0.458	0.541	0.845	1.000						
	续约	0.510	0.504	0.646	0.845	0.861	1.000					

续表

		支配性	影响	依赖性	签约	履约	续约	评价	信赖	认知	情感	行为
信任网络	评价	0.267	0.323	0.284	0.200	0.223	0.250	1.000				
	信赖	0.293	0.347	0.305	0.241	0.257	0.289	0.874	1.000			
态度网络	认知	0.421	0.471	0.370	0.463	0.424	0.434	0.361	0.402	1.000		
	情感	0.475	0.547	0.412	0.530	0.482	0.493	0.314	0.376	0.875	1.000	
	行为	0.499	0.507	0.455	0.543	0.487	0.524	0.347	0.400	0.791	0.870	1.000

资料来源:作者根据 UCINET 6 软件结果输出数据整理。

注:以上各矩阵的相关系数均在 $p < 0.001$ 的水平上显著。

四、国际旅游供应链网络的 MRQAP 回归分析

MRQAP 回归分析是社会关系研究中常用的一种方法,常被用来研究多个矩阵(关系)之间的回归关系。其与传统的统计学意义上的回归分析既有联系也存在区别,具体的计算过程包括:第一步,按照常规的方法将自变量矩阵和因变量矩阵进行多元回归分析。第二步,将因变量矩阵的所有行和列各自进行同时的随机置换后,重复第一个步骤,并将回归的所有系数值和判定系数 R^2 值进行保存。在 MRQAP 中,为了估计统计量的标准误差,第二个步骤一般要重复好几百次。第三步,计算出第二个步骤中产生的系数大于或等于第一步计算时得到系数的随机置换所占的比例。

为了对自变量矩阵和因变量矩阵之间的关系特征进行探讨,本书利用 UCINET 6 软件中的 MRQAP 分析工具,以中越国际旅游供应链网络中的权力网络、契约网络和信任网络共 8 个网络矩阵作为自变量,以态度网络的 3 个网络矩阵作为因变量进行回归分析。由此可得到三

个回归模型：

模型一：

$$Y_1 = \alpha + \beta_1 X_1 + \beta_2 X_2 + \beta_3 X_3 + \beta_4 X_4 + \beta_5 X_5 + \beta_6 X_6 + \beta_7 X_7 + \beta_8 X_8 + \varepsilon$$

模型二：

$$Y_2 = \alpha + \beta_9 X_1 + \beta_{10} X_2 + \beta_{11} X_3 + \beta_{12} X_4 + \beta_{13} X_5 + \beta_{14} X_6 + \beta_{15} X_7 + \beta_{16} X_8 + \varepsilon$$

模型三：

$$Y_3 = \alpha + \beta_{17} X_1 + \beta_{18} X_2 + \beta_{19} X_3 + \beta_{20} X_4 + \beta_{21} X_5 + \beta_{22} X_6 + \beta_{23} X_7 + \beta_{24} X_8 + \varepsilon$$

其中，X_1、X_2、X_3、X_4、X_5、X_6、X_7、X_8 为自变量，Y_1、Y_2、Y_3 为因变量，α 为常数，$\beta_1 \sim \beta_{24}$ 为相关系数，ε 为残差项。

(一)国际旅游供应链网络的 MRQAP 回归分析：模型一

模型一为权力网络、契约网络和信任网络的 8 个网络矩阵对态度认知网络的回归分析，表 4.10 对相关回归数据进行了总结。本次回归的观察项数为（"♯ of Obs"）2 352 个，因为中越国际旅游供应链整体网络研究层次的社会量表共有 49 个企业进行填答，构成了一个 49 行 49 列的正方形矩阵，同时对角线的数值不计算在内，因此共有 $49 \times (49 - 1) = 2\,352$ 个观察项。

表 4.10　模型一的回归综述表

R^2	Adj. R^2	Probability	♯ of Obs
0.361	0.359	0.000	2 352

资料来源：作者根据 UCINET 6 软件结果输出数据整理。

从模型的拟合情况看，判定系数 R^2 和调整的判定系数 Adj. R^2 分别为 0.361 和 0.359。这说明，权力网络、契约网络、信任网络与态度认知网络之间存在线性关系的时候,权力网络、契约网络和信任网络的 8 个网络矩阵的数据可以解释态度认知网络 35.9% 的变异。

如表 4.11 所示,在本次回归分析中,支配性网络、影响网络、签约网络和信赖网络的回归系数在统计意义上具有显著性,其显著性水平均为 0.000;而 依赖性网络、履约网络、续约网络和评价网络的回归系数均未达到显著水平,表明这些网络对于态度认知网络的影响在统计意义上并不显著。

表 4.11 模型一的回归系数分析表

自变量	非标准化回归系数	标准化回归系数	Sig.	Proportion As Large	Proportion As Small
Intercept	0.153 295	0.000 000			
支配性网络	0.206 198	0.150 133	0.000	0.000	1.000
影响网络	0.258 091	0.217 953	0.000	0.000	1.000
依赖性网络	−0.123 979	−0.077 784	0.007	0.993	0.007
签约网络	0.351 327	0.261 837	0.000	0.000	1.000
履约网络	0.080 345	0.053 570	0.066	0.066	0.934
续约网络	−0.057 925	−0.039 072	0.174	0.826	0.174
评价网络	0.030 497	0.030 553	0.243	0.243	0.757
信赖网络	0.212 604	0.214 476	0.000	0.000	1.000

资料来源:作者根据 UCINET 6 软件结果输出数据整理
注:显著性水平以 $t > 2.58, p < 0.001$ 进行判定。

为了更为准确地反映具有显著性影响的几个网络之间的关系,本研究对模型一进行了修正,即只选取在统计意义上具有显著性的支配性网络、影响网络、签约网络和信赖网络对态度认知网络进行回归。具体结果如表 4.12 和表 4.13 所示。

表 4.12 模型一(修正)的回归综述表

R^2	Adj. R^2	Probability	# of Obs
0.360	0.359	0.000	2 352

资料来源:作者根据 UCINET 6 软件结果输出数据整理。

表 4.13 模型一(修正)的回归系数分析表

自变量	非标准化回归系数	标准化回归系数	Sig.	Proportion As Large	Proportion As Small
Intercept	0.156 419	0.000 000			
支配性网络	0.202 125	0.147 168	0.000	0.000	1.000
影响网络	0.260 526	0.220 009	0.000	0.000	1.000
签约网络	0.370 151	0.275 866	0.000	0.000	1.000
信赖网络	0.239 213	0.241 318	0.000	0.000	1.000

资料来源:作者根据 UCINET 6 软件结果输出数据整理。

注:显著性水平以 $t>2.58$,$p<0.001$ 进行判定。

从模型的拟合情况看,判定系数 R^2 和调整的判定系数 Adj. R^2 分别为 0.360 和 0.359,这说明,支配性网络、影响网络、依赖性网络、签约网络和信赖网络与态度认知网络之间存在线性关系的时候,这五个网络矩阵的数据可以解释态度认知网络 35.9% 的变异。

如表 4.13 所示,在本次回归分析中,支配性网络、影响网络、签约网络和信赖网络的回归系数在统计意义上具有显著性($p<0.001$)。标准化回归系数分别为 0.147、0.220、0.276 和 0.241,由此可得出模型一的回归方程为:

$$Y_1 = 0.156 + 0.147\,X_1 + 0.220\,X_2 + 0.276\,X_4 + 0.241\,X_8 + \varepsilon$$

(二)国际旅游供应链网络的 MRQAP 回归分析:模型二

模型二为权力网络、契约网络和信任网络的 8 个网络矩阵对态度情感网络的回归分析,表 4.14 对相关回归数据进行了总结。本次回归的观察项数("♯ of Obs")为 2 352 个,从模型的拟合情况看,判定系数 R^2 和调整的判定系数 Adj. R^2 分别为 0.440 和 0.438,这说明权力网络、契约网络和信任网络与态度情感网络之间存在线性关系的时候,权力网络、契约网络和信任网络的 8 个网络矩阵的数据可以解释态度情感网络 43.8%的变异。

表 4.14　模型二的回归综述表

R^2	Adj. R^2	Probability	♯ of Obs
0.440	0.438	0.000	2 352

资料来源:作者根据 UCINET 6 软件结果输出数据整理。

如表 4.15 所示,在本次回归分析中,支配性网络、影响网络、签约网络和信赖网络的回归系数在统计意义上具有显著性,其显著性水平均为 0.000;而依赖性网络、履约网络、续约网络和评价网络的回归系数均未达到显著水平,表明这些网络对于态度情感网络的影响在统计意义上并不显著。

表 4.15　模型二的回归系数分析表

自变量	非标准化回归系数	标准化回归系数	Sig.	Proportion As Large	Proportion As Small
Intercept	0.114 408	0.000 000			
支配性网络	0.232 131	0.173 654	0.000	0.000	1.000
影响网络	0.339 373	0.294 460	0.000	0.000	1.000
依赖性网络	−0.155 435	−0.100 196	0.001	1.000	0.001
签约网络	0.393 342	0.301 197	0.000	0.000	1.000
履约网络	0.086 276	0.059 103	0.042	0.042	0.959
续约网络	−0.051 272	−0.035 534	0.185	0.815	0.185
评价网络	−0.073 407	−0.075 560	0.032	0.969	0.032

续表

自变量	非标准化回归系数	标准化回归系数	Sig.	Proportion As Large	Proportion As Small
信赖网络	0.233 922	0.242 459	0.000	0.000	1.000

资料来源:作者根据 UCINET 6 软件结果输出数据整理。

注:显著性水平以 $t > 2.58, p < 0.001$ 进行判定。

为了更为准确地反映具有显著性影响的几个网络之间的关系,本研究对模型二进行了修正,即只选取在统计意义上具有显著性($p < 0.001$)的支配性网络、影响网络、签约网络和信赖网络对态度情感网络进行回归。具体结果如表 4.16 和表 4.17 所示。

表 4.16　模型二(修正)的回归综述表

R^2	Adj. R^2	Probability	# of Obs
0.413	0.412	0.000	2 352

资料来源:作者根据 UCINET 6 软件结果输出数据整理。

表 4.17　模型二(修正)的回归系数分析表

自变量	非标准化回归系数	标准化回归系数	Sig.	Proportion As Large	Proportion As Small
Intercept	0.123 476	0.000 000			
支配性网络	0.218 830	0.163 704	0.000	0.000	1.000
影响网络	0.331 027	0.287 218	0.000	0.000	1.000
签约网络	0.348 862	0.238 987	0.000	0.000	1.000
信赖网络	0.161 410	0.167 301	0.000	0.000	1.000

资料来源:作者根据 UCINET 6 软件结果输出数据整理。

注:显著性水平以 $t > 2.58, p < 0.001$ 进行判定。

从模型的拟合情况看,判定系数 R^2 和调整的判定系数 Adj. R^2 分别为 0.413 和 0.412,这说明,支配性网络、影响网络、签约网络和信赖网络与态度情感网络之间存在线性关系的时候,这四个网络矩阵的数据可以解释态度情感网络 41.2% 的变异。

如表 4.17 所示,在本次回归分析中,支配性网络、影响网络、签约网络和信赖网络的回归系数在统计意义上具有显著性,其显著性水平均为 0.000。标准化回归系数分别为 0.164、0.287、0.239 和 0.167,由此可得出模型二的回归方程为:

$$Y_2 = 0.123 + 0.164 X_1 + 0.287 X_2 + 0.239 X_4 + 0.167 X_8 + \varepsilon$$

(三)国际旅游供应链网络的 MRQAP 回归分析:模型三

模型三为权力网络、契约网络和信任网络的 8 个网络矩阵对态度行为网络的回归分析,表 4.18 对相关回归数据进行了总结。本次回归的观察项数("♯ of Obs")为 2 352 个,从模型的拟合情况看,判定系数 R^2 和调整的判定系数 Adj. R^2 分别为 0.440 和 0.438,这说明权力网络、契约网络和信任网络与态度行为网络之间存在线性关系的时候,权力网络、契约网络和信任网络的 8 个网络矩阵的数据可以解释态度行为网络 43.8% 的变异。

表 4.18　模型三的回归综述表

R^2	Adj. R^2	Probability	♯ of Obs
0.440	0.438	0.000	2 352

资料来源:作者根据 UCINET 6 软件结果输出数据整理。

如表 4.19 所示,在本次回归分析中,支配性网络、影响网络、签约网络和信赖网络的回归系数在统计意义上具有显著性,其显著性水平均为 0.000,标准化回归系数分别为 0.193、0.188、0.295 和 0.221,而依赖性网络、履约网络、续约网络和评价网络的回归系数均未达到显著水平,表明这些网络对于态度行为网络的影响在统计意义上并不显著。

表4.19　模型三的回归系数分析表

自变量	非标准化回归系数	标准化回归系数	Sig.	Proportion As Large	Proportion As Small
Intercept	0.064 230	0.000 000			
支配性网络	0.248 751	0.192 824	0.000	0.000	1.000
影响网络	0.208 750	0.187 682	0.000	0.000	1.000
依赖性网络	−0.060 536	−0.040 435	0.078	0.922	0.078
签约网络	0.371 792	0.295 002	0.000	0.000	1.000
履约网络	0.014 083	0.009 997	0.373	0.627	0.373
续约网络	0.079 208	0.056 883	0.063	0.063	0.938
评价网络	0.016 674	0.017 785	0.344	0.656	0.344
信赖网络	0.205 905	0.221 146	0.000	0.000	1.000

资料来源:作者根据 UCINET 6 软件结果输出数据整理。

注:显著性水平以 $t > 2.58$, $p < 0.001$ 进行判定。

为了更为准确地反映具有显著性影响的几个网络之间的关系,本研究对模型二进行了修正,即只选取在统计意义上具有显著性($p < 0.001$)的支配性网络、影响网络、签约网络和信赖网络对态度行为网络进行回归。具体结果如表4.20和表4.21所示。

表4.20　模型三(修正)的回归综述表

R^2	Adj. R^2	Probability	# of Obs
0.439	0.438	0.000	2 352

资料来源:作者根据 UCINET 6 软件结果输出数据整理。

表4.21　模型三(修正)的回归系数分析表

自变量	非标准化回归系数	标准化回归系数	Sig.	Proportion As Large	Proportion As Small
Intercept	0.062 436	0.000 000			
支配性网络	0.231 445	0.179 409	0.000	0.000	1.000
影响网络	0.205 818	0.185 045	0.000	0.000	1.000

续表

自变量	非标准化回归系数	标准化回归系数	Sig.	Proportion As Large	Proportion As Small
签约网络	0.402 676	0.319 508	0.000	0.000	1.000
信赖网络	0.191 868	0.206 070	0.000	0.000	1.000

资料来源:作者根据 UCINET 6 软件结果输出数据整理。

注:显著性水平以 $t > 2.58$,$p < 0.001$ 进行判定。

从模型的拟合情况看,判定系数 R^2 和调整的判定系数 $\text{Adj.}\, R^2$ 分别为 0.439 和 0.438,这说明,支配性网络、影响网络、签约网络和信赖网络与态度行为网络之间存在线性关系的时候,这四个网络矩阵的数据可以解释态度行为网络 43.8% 的变异。

如表 4.21 所示,在本次回归分析中,支配性网络、影响网络、签约网络和信赖网络的回归系数在统计意义上具有显著性,其显著性水平分别为 0.000。标准化回归系数分别为 0.179、0.185、0.320 和 0.206,由此可得出模型三的回归方程为:

$$Y_3 = 0.062 + 0.179\, X_1 + 0.185\, X_2 + 0.320\, X_4 + 0.206\, X_8 + \varepsilon$$

第五章　国际旅游供应链
协同行为研究

——以中国和越南国际旅游供应链为例

一、国际旅游供应链协同行为研究样本收集情况分析

本研究共抽取 162 家中越国际旅游供应链上的节点企业发放调查问卷,其中 6 家企业由于各种原因最终未能参与调查,因此最终参与调查的企业共 156 家。本次调查历时 66 天(2019 年 3 月 16—5 月 20 日),调查地点包括:中国的昆明、大理、丽江、西双版纳、普洱、蒙自、河口;越南的老街、河内、下龙湾、芽庄和胡志明市。调查形式包括当面访谈、电话采访、邮寄问卷、在线填答(基于问卷星平台)等形式;问卷语言包括中文和越南语两种。此次调查共发出问卷 624 份,实际收回 432 份,回收率为 69.23%。经过初步整理和筛查,收回的问卷中 388 份为有效问卷,有效率为 62.18%。问卷发放及回收情况如表 5.1 所示。

表 5.1 问卷发放和回收情况统计

序号	企业类别	企业数量	发放数量	发放率/%	回收数量	回收率/%	有效数量	有效率/%
1	中国旅游批发商（运营商）	5	20	3.21	20	100	18	90.00
2	中国旅游组团社（代理商）	9	36	5.77	34	94.44	33	91.67
3	中国旅游餐饮企业	9	36	5.77	18	50.00	12	33.33
4	中国酒店企业	19	76	12.18	51	67.11	48	63.16
5	中国旅游交通运输企业（汽车、火车、航空等）	6	24	3.85	18	75.00	15	62.50
6	中国旅游景区、景点	20	80	12.82	50	62.50	47	58.75
7	中国购物商店	2	8	1.28	5	62.50	4	50.00
8	中国演艺企业	2	8	1.28	4	50.00	4	50.00
10	越南旅游批发商（运营商）	3	12	1.92	10	83.33	9	75.00
11	越南旅游组团社（代理商）	7	28	4.49	23	82.14	21	75.00
12	越南旅游餐饮企业	10	40	6.41	19	47.50	13	32.50
13	越南酒店企业	27	108	17.31	81	75.00	78	72.22
14	越南旅游交通运输企业（汽车、火车、航空等）	5	20	3.21	15	75.00	11	55.00
15	越南旅游景区、景点	23	92	14.74	61	66.30	58	63.04
16	越南购物商店	8	32	5.13	20	62.50	14	43.75
17	越南演艺企业	1	4	0.64	3	75.00	3	75.00
	合计	156	624	100	432	69.23	388	62.18

二、国际旅游供应链协同行为研究样本结构情况分析

本研究通过调查所获得的 388 份有效样本分别来自 156 家企业，这些被调查者的受雇企业的成立时间、企业性质、员工总数和受访者职位的情况如表 5.2 所示。

表 5.2 样本结构情况汇总表

个体变量	组别	人数/个	占比/%	累计占比/%
企业经营年限	3 年以下	12	3.09	3.09
	3～5 年	48	12.37	15.46
	5～10 年	112	28.87	44.33
	10 年以上	216	55.67	100.00
企业性质	国有	116	29.90	29.90
	民营	160	41.24	71.14
	合资	84	21.65	92.79
	外商独资	16	4.12	96.91
	其他	12	3.09	100.00
员工总数	10 人以下	18	4.64	4.64
	10～30 人	78	20.10	24.74
	30～50 人	84	21.65	46.39
	50～100 人	126	32.47	78.86
	100 人以上	82	21.14	100.00

个体变量	组别	人数/个	占比/%	累计占比/%
受访者职位	基层管理者	104	26.80	26.80
	中层管理者	94	24.23	51.03
	高层管理者	90	23.20	74.23
	技术工作	48	13.37	87.60
	普通员工	52	13.40	100.00

（一）中国和越南国际旅游供应链企业经营年限样本数据分析

样本数据显示，收集到的 388 份样本中，来自经营年限在 5～10 年企业的 112 人，10 年以上的 216 人，这两项总共占总量的 84.54%，总共涉及 131 家企业。可见，与中国企业 3.9 年的平均寿命相比，中越国际旅游供应链中的大部分节点企业经营寿命较长。这种现象与旅游业尤其是景区（景点）和豪华酒店投资大且回收慢的经营特点密切相关，有的项目投资动辄数十亿甚至上百亿，而需要 20 年、30 年甚至更长的周期才能回收。因此，只有组织规模宏大、资金实力雄厚、管理经验丰富的企业才能从事这样的开发与投资，而这样的企业一般都需要较长时间的积累和沉淀，从而呈现出旅游业中的企业尤其是景区（景点）和豪华酒店平均寿命较长的现象。

（二）中国和越南国际旅游供应链企业性质样本数据分析

由表 5.2 中的数据可见，从国有企业共收集问卷 116 份，占总量的 29.90%，共涉及 39 个企业；从民营独资企业共收集问卷 160 份，占总量的 41.24%，共涉及 53 个企业；从合资企业共收集问卷 84 份，占总量的

21.65%，共涉及 36 个企业；其余性质类别的企业相对较少。这与旅游行业内的实际状况基本相符：旅行社、中小型酒店、餐饮、交通（汽车）、购物和演艺等行业以民营独资企业数量最多，而景区（景点）、豪华酒店、航空公司、铁路公司等企业中很多具有国有资本控股的情况，部分规模较大的旅行社和豪华酒店中还包含外资控股。

(三)中国和越南国际旅游供应链企业员工总数样本数据分析

总体来看，旅游业属于服务型行业，该行业中的企业大多属于劳动人口密集型的企业。由表 5.2 可见，员工人数在 50～100 人之间的企业最多，共收集到了 126 份问卷，占总量的 32.47%，共涉及 57 家企业；员工总数在 30～50 人的企业次之，共收集到 84 份问卷，占总量的21.65%，涉及 35 家企业；员工人数 100 人以上的，共收集到 82 份，占总量的 21.14%，涉及 29 家企业；员工人数 10～30 人的，共收集到 78 份，占总量的 20.10%，涉及 28 家企业。

(四)中国和越南国际旅游供应链受访者职位样本数据分析

因为相比普通员工，管理者掌握更多的企业内外部信息，对于企业也更为了解，他们的观点更能代表企业的立场，因此在问卷发放过程中，笔者更加偏重于向管理者收集数据。本次调查的 388 名受访者中，基层管理者 104 名，占总数的 26.80%；中层管理者 94 名，占 24.23%；高层管理者 90 名，占 23.20%；技术工作者 48 名，占 13.37%；普通员工 52 名，占 13.40%。

三、国际旅游供应链协同行为
研究的观测项目描述性统计

本研究共包含 6 个观测变量,分别是权力网络程度中心度(项目编号为 PC1～PC3,共 3 个题项)、契约网络程度中心度(项目编号为 CC1～CC3,共 3 个题项)、信任网络程度中心度(项目编号为 TC1～TC2,共 2 个题项)、协同态度(项目编号为 Att1～Att4,共 4 个题项)、协同意向(项目编号为 In1～In4,共 4 个题项)和协同行为(项目编号为 Ac1～Ac4,共 4 个题项)。由表 5.3 可见,本研究的问卷共包含 20 个观测项目,其中标准差最大值为 24.892,对应的观测项目为 PC2("哪些企业的行为对贵公司存在最具权威性的影响?");最小标准差是 0.527,来自变量协同意向中的测量项目 In1("贵公司有积极参与旅游供应链协同的意向。")。从总体来看网络结构位置的各个观测项均显示出较大的标准差,这与旅游行业中各个企业在旅游供应链中所处的结构位置差异较大有关,处于核心位置的企业通常在各个网络程度中心度的观测项中都会获得较高的值,而处于边陲位置的企业,其中心度的评分均较低。同时,从偏度和峰度两个测量指标来看,本研究的所有观测项目的数据均服从正态分布。偏度(skewness)和峰度(kurtosis)通常被用来检验数据的非正态程度,如果样本数据服从正态分布,则偏度和峰度的值应接近于零。若偏度的绝对值大于 3.0,则被认为是极端的偏态。若峰度绝对值大于 10,表示数据的峰度存在问题;如果大于 20,则被认为是极端的峰度。

表 5.3 观测项目的描述性统计表

观测项目	N	极小值	极大值	均值	标准差	偏度		峰度	
						统计量	标准误	统计量	标准误
PC1	388	10.42	100.00	29.736 6	22.143 24	1.565	0.124	1.326	0.247
PC2	388	8.33	100.00	34.621 3	24.892 24	1.450	0.124	0.885	0.247
PC3	388	6.25	87.50	24.600 4	22.567 93	1.508	0.124	0.818	0.247
CC1	388	5.83	75.25	21.179 9	19.308 40	1.519	0.124	0.951	0.247
CC2	388	4.17	75.25	19.470 2	18.952 71	1.540	0.124	0.959	0.247
CC3	388	4.17	81.50	19.718 5	19.180 29	1.558	0.124	1.109	0.247
TC1	388	39.58	100.00	80.220 4	17.650 03	−0.192	0.124	−1.399	0.247
TC2	388	32.42	100.00	76.037 9	19.081 11	−0.278	0.124	−1.293	0.247
Att1	388	2.00	5.00	3.899 5	0.745 49	−0.324	0.124	−0.125	0.247
Att2	388	2.00	5.00	4.046 4	0.577 72	−0.081	0.124	0.309	0.247
Att3	388	2.00	5.00	4.108 2	0.673 33	−0.285	0.124	−0.239	0.247
Att4	388	2.00	5.00	3.768 0	0.717 31	−0.089	0.124	−0.298	0.247
In1	388	3.00	5.00	4.082 5	0.526 70	0.093	0.124	0.519	0.247
In2	388	2.00	5.00	3.613 4	0.722 49	0.115	0.124	−0.365	0.247
In3	388	2.00	5.00	4.355 7	0.652 80	−0.574	0.124	−0.393	0.247
In4	388	2.00	5.00	3.840 2	0.700 85	0.051	0.124	−0.599	0.247
Ac1	388	3.00	5.00	4.025 8	0.596 59	−0.008	0.124	−0.175	0.247
Ac2	388	2.00	5.00	3.884 0	0.560 96	−0.118	0.124	0.299	0.247
Ac3	388	2.00	5.00	3.829 9	0.730 96	−0.044	0.124	−0.511	0.247
Ac4	388	2.00	5.00	3.587 6	0.597 20	−0.415	0.124	−0.139	0.247

资料来源:作者根据 SPSS 软件的数据分析结果整理。

四、国际旅游供应链协同行为
研究的构造变量信度和效度分析

（一）中国和越南国际旅游供应链协同行为研究的构造
变量信度分析

本研究采用内在一致性的方法来测量构造变量的信度，这是用来测量各个构造变量内部的所有测量项目之间相关能力的一种重要的验证性测量，其中最为常用的测量指标是 Cronbach's α 系数。α 系数一般介于 $0\sim1$ 之间，这个值随着特定的构造变量下的测量项目之间的内在一致性程度增加。学者们普遍认为，当某个构造变量的 α 系数大于 0.7 时，则表示其内在的一致性效果良好。本书也采用这一标准，将 α 系数是否大于 0.7 作为判断构造变量内在一致性即信度的标准。

1.中国和越南国际旅游供应链网络结构位置的信度分析结果

表 5.4 显示的是中越国际旅游供应链的网络结构位置的信度分析结果。由表可见，在此次的信度分析过程中共使用的样本数据量均为 388 个，观测变量权力网络程度中心度和契约网络程度中心度下各包含 3 个测量项目，信任网络程度中心度下包含 2 个测量项目，SPSS 数据分析结果显示，3 个观测变量内部各个测量项目的一致性较好（$\alpha >$ 0.7），Cronbach's α 分别为 0.984、0.998 和 0.805。

表 5.4　网络结构位置的信度分析结果

序号	项目	样本数量	项数	Cronbach's α 系数
1	权力网络程度中心度（PC）	388	3	0.984
2	契约网络程度中心度（CC）	388	3	0.998
3	信任网络程度中心度（TC）	388	2	0.805

资料来源：作者根据 SPSS 软件的数据分析结果整理。

2.中国和越南国际旅游供应链网络协同行为的信度分析结果

表 5.5 显示的是中越国际旅游供应链的网络协同行为的信度分析结果。由表可见，在信度分析过程中共使用的样本数据量均为 388 个，3 个观测变量协同态度、协同意向和协同行为下各包含 4 个测量项目，SPSS 数据分析结果显示，3 个观测变量内部各个测量项目的一致性较好（$\alpha > 0.7$），Cronbach's α 分别为 0.806、0.798 和 0.808。

表 5.5　网络协同行为的信度分析结果

序号	项目	样本数量	项数	Cronbach's α 系数
1	协同态度（Att）	388	4	0.806
2	协同意向（In）	388	4	0.798
3	协同行为（Ac）	388	4	0.808

资料来源：作者根据 SPSS 软件的数据分析结果整理。

（二）中国和越南国际旅游供应链协同行为研究的探索性因子分析

探索性因子分析（exploratory factor analysis，EFA）是从已有的数据中探索和发现客观规律并形成理论构想的过程。通过探索性因子分析不仅可以对构造变量的内在结构进行描述，还可以剔除负载系数较低的观测项目，从而使得构造变量的测量更为简化和精准。本研究进行的探索性因子分析中主要是采用了主成分分析法（principal component analysis，PCA）和方差最大正交旋转法（Varimax）。在抽取主因子时限定特征值大于 1 的观测项目，同时所提取出来的因子累计起来至少要能解释 60% 的变异。在进行探索性因子分析时，KMO（Kaiser-Meyer-Olkin）检验常被用来检验因子分析的取样数量是否适当，KMO 值一般介于 0~1 之间，KMO 值越大证明变量间的共同因素越多，且变量间的净相关系数越低，越适合进行因子分析。根据 Kaiser（1974）的观点，KMO<0.5 时，较不适合进行因子分析，进行因子分析的普通准则是 KMO>0.6。同时，根据 Hair 等人（2015）的观点，因子负载系数大于 0.3 可被认为是显著的，当其大于 0.4 时可被认为是很重要的，而当因子负载系数大于 0.5 时则可被认为是非常重要的。为保证统计结果的严谨性，本研究中采用因子负载系数大于 0.4 作为保留测量项目的标准。本研究的构造变量及测量项目包括网络结构位置（8项）、协同态度（4 项）、协同意向（4 项）和协同行为（4 项），共计 20 个项目。

1.中国和越南国际旅游供应链网络结构位置的探索性因子分析

本书通过 SPSS 软件中的因子分析功能，采取主成分分析法和方差最大正交旋转法对构造变量网络结构位置的 8 个测量项目进行探索性因子分析。分析结果如表 5.6 所示，KMO 统计量为 0.884，且 Bartlett 球体检验值为 8 112.251，自由度为 28，卡方统计值的显著性水平为 0.000（<0.001），说明各个测量项目之间的相关性较高，因此样本数据适合进行因子分析。

表 5.6　旋转后的网络结构位置因子提取结果统计

新因子名称	项目	1	2	3
1. 契约维度	CC1	0.924	—	—
	CC3	0.928	—	—
	CC2	0.929	—	—
2. 权力维度	PC3	—	0.916	—
	PC1	—	0.908	—
	PC2	—	0.918	—
3. 信任维度	TC1	—	—	0.948
	TC2	—	—	0.940
特征值		5.447	2.331	1.098
解释变异量/%		68.090	28.136	2.226
累积解释变异量/%		68.090	96.226	98.452
KMO 值		0.884		

资料来源：作者根据 SPSS 软件的数据分析结果整理。

由表 5.6 可见,旋转后的因子矩阵显示网络结构位置的 8 个测量项目负载在 3 个因子上,第一个因子中,负载系数大于 0.4 的项目有 3 个,根据其意义命名为契约维度;第二个因子中,负载系数大于 0.4 的项目有 3 个,根据其意义命名为权力维度;第三个因子中,负载系数大于 0.4 的项目有 2 个,根据其意义命名为信任维度。3 个因子的变异解释率分别为 68.090%、28.136% 和 2.226%,累计可解释方差变异的比例为 98.452%。

2.中国和越南国际旅游供应链协同态度的探索性因子分析

通过 SPSS 软件按照主成分分析法和方差最大正交旋转法对构造变量协同态度的 4 个测量项目进行探索性因子分析。分析结果如表 5.7 所示,KMO 统计量为 0.737,且 Bartlett 球体检验值为 534.244,自由度为 6,卡方统计值的显著性水平为 0.000(<0.001),说明各个测量项目之间的相关性较高,因此样本数据适合进行因子分析。

表 5.7　协同态度因子提取结果统计

因子名称	项目	因子负载
协同态度	态度行为(Att3)	0.851
	态度行为(Att4)	0.794
	态度情感(Att2)	0.790
	态度认知(Att1)	0.758
特征值		2.553
解释变异量/%		63.831
KMO 值		0.737

资料来源:作者根据 SPSS 软件的数据分析结果整理。

由表 5.7 可见,构造变量协同态度的 4 个测量项目紧密负载在 1 个因子上,该因子能解释方差变异的比例为 63.831%。

3.中国和越南国际旅游供应链协同意向的探索性因子分析

通过 SPSS 软件按照主成分分析法和方差最大正交旋转法对构造变量协同意向的 4 个测量项目进行探索性因子分析。分析结果如表 5.8 所示,KMO 统计量为 0.721,且 Bartlett 球体检验值为 507.244,自由度为 6,卡方统计值的显著性水平为 0.000(<0.001),说明各个测量项目之间的相关性较高,因此样本数据适合进行因子分析。

表 5.8　协同意向因子提取结果统计

因子名称	项目	因子负载
协同意向	目标意向(In2)	0.825
	目标意向(In1)	0.799
	行为意向(In3)	0.793
	行为意向(In4)	0.758

续表

因子名称	项目	因子负载
特征值		2.521
解释变异量/%		63.036
KMO 值		0.721

资料来源:作者根据 SPSS 软件的数据分析结果整理。

由表 5.8 可见,构造变量协同意向的 4 个测量项目紧密负载在 1 个因子上,该因子能解释方差变异的比例为 63.036%。

4.中国和越南国际旅游供应链协同行为的探索性因子分析

通过 SPSS 软件按照主成分分析法和方差最大正交旋转法对构造变量协同行为的 4 个测量项目进行探索性因子分析。分析结果如表 5.9 所示,KMO 统计量为 0.741,且 Bartlett 球体检验值为 522.461,自由度为 6,卡方统计值的显著性水平为 0.000(<0.001),说明各个测量项目之间的相关性较高,因此样本数据适合进行因子分析。

表 5.9　协同意向因子提取结果统计

因子名称	项目	因子负载
协同行为	战术层面(Ac3)	0.815
	技术层面(Ac4)	0.813
	战术层面(Ac2)	0.811
	战略层面(Ac1)	0.758
特征值		2.558
解释变异量/%		63.952
KMO 值		0.741

资料来源:作者根据 SPSS 软件的数据分析结果整理。

由表 5.9 可见,构造变量协同意向的 4 个测量项目紧密负载在 1 个因子上,该因子能解释方差变异的比例为 63.952%。

(三)中国和越南国际旅游供应链协同行为研究的验证性因子分析与效度分析

效度即指有效性,是指测量工具能准确测出其所要测量事物的程度,它是检验量表是否准确描述某种特质的指标,是对理论或结构模型与数据的拟合程度进行验证的过程。效度测量有很多种,最常用的是内容效度和构造效度。其中,内容效度是对问卷中的内容用以表现特定测量任务的优劣程度的评价,是一个量表能够测度所测变量的被认可程度。因为本研究中所用的量表均来自国内外学者前期研究成果,具有较好的实证基础,因此本研究的效度测定着重于通过验证性因子分析(confirmatory factor analysis,CFA)的方法来检验量表的构造效度。量表的构造效度也被称为项目共同度,通常可以通过收敛效度(convergent validity)和区别效度(discriminate validity)来显示。本研究依据 Anderson、Gerbing(1988)的观点,通过收敛效度来衡量量表的效度,主要做法是通过运行测量模型来看观测项目是否紧密负载在它所测量的构造变量上。有两个方面的标准可以用来衡量收敛效度:

其一,模型本身的拟合情况,主要参考标准即结构方程模型的常用拟合指数,如表 5.10 所示。有的学者认为卡方与自由度之比(χ^2/df)应该小于或等于 3(Edward et al.,1981),但也有学者(Wheaton et al.,1977)认为这一指标可以在小于等于 5 的范围内被接受。RMSEA 表示近似误差均方根,该值越小表示模型的适配度越好。根据 Steiger(1990)的观点,RMSEA 值的判别标准为:<0.05,模型的适配度佳;<0.08,有合理的近似误差存在,但模型的适配度尚且良好;0.08>0.10,模型的适配度普通;>0.10,模型的适配度不理想。而 NFI、RFI、IFI、TLI

和 CFI 属于 AMOS 输出的 5 种基准线比较(baseline comparison),其取值范围一般在 0~1 之间,越接近于 1 表示拟合程度越高,一般接受的标准是大于或等于 0.9,但也有学者(Segars et al.,1993)建议,这些指数的范围可以是 0.8 以上。

表 5.10　结构方程模型的拟合优度指标

拟合指数	χ^2	df	χ^2/df	IFI	TLI	NFI	CFI	RMSEA
标准模型的相关指标			< 5	>0.9	>0.9	>0.9	>0.9	< 0.1

其二,观测项目在构造变量上的因子负载情况,主要参考标准是:①观测项目在构造变量上的因子负载量应大于 0.5;②因子负载量要大于标准误差的两倍,即 T 值要大于 2。

1.中国和越南国际旅游供应链协同行为研究测量模型指数拟合情况分析

表 5.11 中的拟合指数显示了对测量模型进行验证性因子分析中测量模型的各项指标的拟合情况。从总体上看,根据 Wheaton 等人(1977)的观点,该模型的各项指标均符合普遍接受的标准,表示由各个构造变量建构的模型具有合理的拟合度,适合进行下一步的路径分析。其中卡方和自由度的比值为 4.46(<5),RMSEA 值为 0.095(<0.1),IFI、TLI、NFI 和 CFI 值分别为 0.950、0.939、0.937 和 0.950(均大于 0.9)。

表 5.11　测量模型的拟合指数表

	χ^2	df	χ^2/df	IFI	TLI	NFI	CFI	RMSEA
标准模型的相关指标			< 5	>0.9	>0.9	>0.9	>0.9	< 0.1
研究量表拟合指数	691.131	155	4.46	0.950	0.939	0.937	0.950	0.095

资料来源:作者根据数据分析结果整理。

2.中国和越南国际旅游供应链协同行为研究效度分析

表 5.12 显示了测量模型的 20 个观测项目在 7 个因子上的载荷情况。由结果可见,各个观测项目的因子载荷均大于 0.5,T 值均大于 2,且均达到了显著性水平($p<0.001$),显示了良好的结构效度。图 5.1 显示了模型中各个因子之间的关系路径和观测项目的因子负载的分析结果。

表 5.12　效度分析结果

项目	X1	X2	X3	X4	X5	X6	X7	标准误差	T	P
PC1	0.995	—	—	—	—	—	—	0.015	61.066	***
PC2	0.957	—	—	—	—	—	—	0.018	61.066	***
PC3	0.975	—	—	—	—	—	—	0.013	77.904	***
CC1	—	—	—	—	—	0.993	—	0.007	154.385	***
CC2	—	—	—	—	—	0.999	—	0.006	154.385	***
CC3	—	—	—	—	—	0.999	—	0.006	153.955	***
TC1	—	—	—	—	—	—	0.963	0.023	39.590	***
TC2	—	—	—	—	—	—	0.993	0.28	39.590	***
Att1	—	—	0.657	—	—	—	—	0.085	11.608	***
Att2	—	—	0.745	—	—	—	—	0.069	12.577	***
Att3	—	—	0.786	—	—	—	—	0.075	14.168	***
Att4	—	—	0.692	—	—	—	—	0.066	14.168	***
In1	—	0.788	—	—	—	—	—	0.063	13.345	***
In2	—	0.688	—	—	—	—	—	0.090	13.345	***
In3	—	0.743	—	—	—	—	—	0.080	14.668	***
In4	—	0.609	—	—	—	—	—	0.091	11.278	***
Ac1	—	—	—	—	0.674	—	—	0.080	12.271	***
Ac2	—	—	—	—	0.728	—	—	0.083	12.271	***
Ac3	—	—	—	—	0.760	—	—	0.109	12.626	***
Ac4	—	—	—	—	0.722	—	—	0.091	11.798	***

注:*** 表示 $t>3.29$,$p<0.001$。

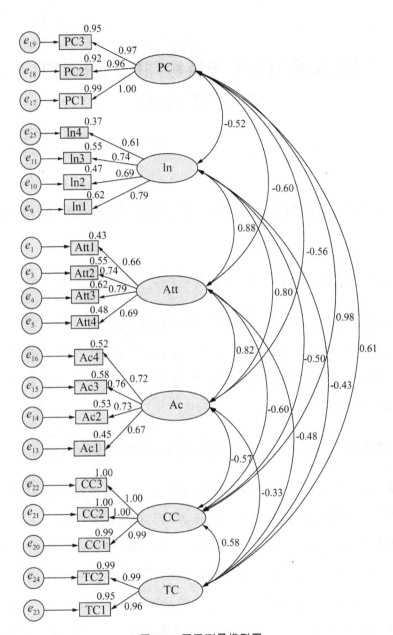

图 5.1　因子测量模型图

资料来源：AMOS 数据分析结果。

五、国际旅游供应链协同行为研究的
结构方程建模

（一）国际旅游供应链协同行为研究的结构方程模型分析结果

1.国际旅游供应链协同行为研究结构方程模型的提出

基于对构造变量的探索性因子分析和验证性因子分析，本研究构建结构方程模型并对其拟合情况进行检验，同时对模型中的路径进行分析。根据个体层次的研究架构和研究假设，本研究的结构方程初始模型如图 5.2 所示。

2.国际旅游供应链协同行为研究结构方程模型的运行结果

表 5.13 中路径模型的拟合指数显示了结构方程路径模型的各项指标的拟合情况，从表中数据可见，卡方与自由度的比值为 4.46（＜5），RMSEA 值为 0.095（＜0.1），IFI、TLI、NFI 和 CFI 值分别为 0.950、0.939、0.937 和 0.950（均大于 0.9），各项指标基本符合普遍接受的标准，模型具有基本合理的拟合度，适合进行下一步的路径分析。各条路径的检验情况如图 5.3 所示。虽然各项指标均已达到最低下限标准，但为了提高研究的严谨性和科学性，让模型具有更好的拟合度，仍然可以依据数据分析的结果和实践中的经验对模型进行修正和提高。

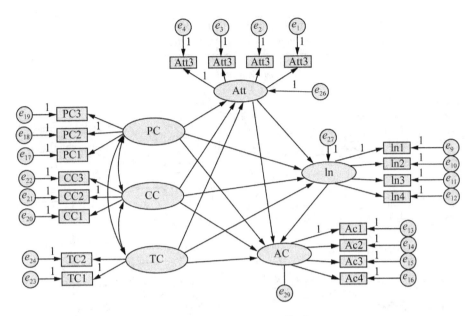

图 5.2 结构方程初始模型

表 5.13 路径模型的拟合指数表

	χ^2	df	χ^2/df	IFI	TLI	NFI	CFI	RMSEA
标准模型的相关指标			< 5	> 0.9	> 0.9	> 0.9	> 0.9	< 0.1
研究量表拟合指数	691.131	155	4.46	0.950	0.939	0.937	0.950	0.095

资料来源:作者根据数据分析结果整理。

根据 AMOS 输出结果中的修正指数(modification index,M.I.)的取值大小,可通过对该值对应的误差项之间建立协方差的方式对模型进行修正,以改善模型的拟合情况。如表 5.14 所示,模型的修正指数(M.I.)最大值为 33.666,对应的可建立协方差的误差项是 e18 和 e19,这两个误差项均来自潜变量权力网络程度中心度,因此可在两者之间建立协方差,即 e18↔e19;误差项 e9、e10 和 e12 均来自潜变量协同意向,e10↔e12 的修正指数为 16.121,e9↔e12 的修正指数为 25.038;误差项 e2、e3 和 e4 均来自潜变量协同态度,e3↔e4 的修正指数为29.681,

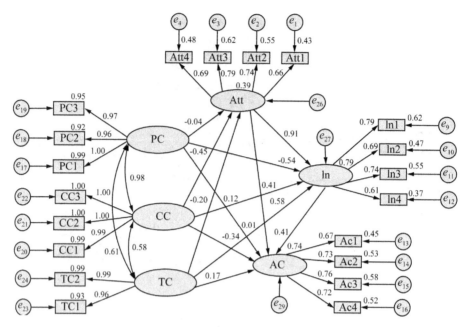

图 5.3 结构方程模型分析结果

e2↔e4 的修正指数为 17.564。且本研究采用相同的测量工具对相同的样本收集数据,并采用相同的数据分析软件和方法对这些样本数据进行处理,因此在这些误差项之间建立关联,即在初始模型上建立这些误差项的协方差是可以被接受的。

表 5.14 模型误差项协方差修正情况

潜变量	协方差	修正指数 M.I.	参数变化
权力网络程度中心度 PC	e18↔e19	33.666	11.754
协同意向 In	e10↔e12	16.121	0.065
	e9↔e12	25.038	−0.053
协同态度 Att	e3↔e4	29.681	−0.048
	e2↔e4	17.564	0.069

资料来源:作者根据数据分析结果整理。

(二)国际旅游供应链协同行为结构方程模型的修正与解释

为了进一步提高研究的严谨性和科学性,本研究首先根据修正指数,通过在原始模型基础上在相关联的误差项之间建立协方差的方式对模型进行修正,形成修正模型一;接着在对模型一进行路径分析的基础上,删除模型中不显著的路径,形成修正模型二。

1.国际旅游供应链协同行为修正模型一分析

(1)修正模型一的拟合情况

表 5.15 中路径模型的拟合指数显示了结构方程修正模型一的各项指标的拟合情况。从表中数据可见,卡方与自由度的比值为 3.76($<$5),RMSEA 值为 0.084(<0.1),IFI、TLI、NFI 和 CFI 值分别为 0.962、0.951、0.948 和 0.961(均大于 0.9)。与修正前的模型相比,模型的各项拟合指标有了较大的提升,均符合普遍接受的标准,适合进行下一步的路径分析,修正模型一各条路径的检验情况如图 5.4 所示。

表 5.15 修正模型一的拟合指数表

	χ^2	df	χ^2/df	IFI	TLI	NFI	CFI	RMSEA
标准模型的相关指标			< 5	>0.9	>0.9	>0.9	>0.9	< 0.1
研究量表拟合指数	564.322	150	3.76	0.962	0.951	0.948	0.961	0.084

资料来源:作者根据数据分析结果整理。

(2)修正模型一的路径分析

从图 5.4 和表 5.16 中的数据可见,在修正模型一中有 5 条路径的系数不够显著($p>0.05$):

①权力网络程度中心度对协同态度,回归系数为 -0.047,$T(C.R.)$

值为$-0.174(<2)$, p 为 $0.862(>0.05)$,这说明权力网络程度中心度对协同态度的影响不显著;

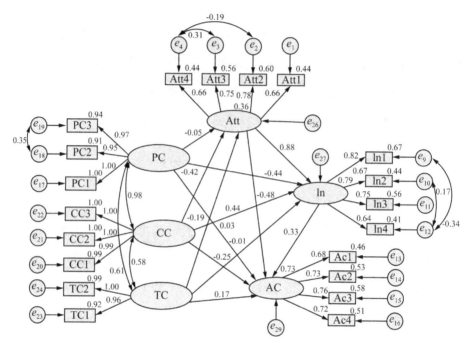

图 5.4　修正模型一分析结果

②契约网络程度中心度对协同态度,回归系数为 -0.423, $T(\mathrm{C.R.})$值为 $-1.615(<2)$, p 为 $0.106(>0.05)$,这说明契约网络程度中心度对协同态度的影响不显著;

③信任网络 p 中心度对协同意向,回归系数为 -0.010, $T(\mathrm{C.R.})$值为 $-0.192(<2)$, p 为 $0.848(>0.05)$,这说明信任网络程度中心度对协同意向的影响不显著;

④权力网络程度中心度对协同行为,回归系数为 0.026, $T(\mathrm{C.R.})$值为 $0.114(<2)$, p 为 $0.910(>0.05)$,这说明权力网络程度中心度对协同行为的影响不显著;

表 5.16　修正模型一回归关系路径表

	标准化回归系数	非标准化回归系数	标准误差	临界比值	p
协同态度＜－权力网络程度中心度	−0.047	−0.001	0.006	−0.174	0.862
协同态度＜－契约网络程度中心度	−0.423	−0.011	0.007	−1.615	0.106
协同态度＜－信任网络程度中心度	−0.191	−0.005	0.002	−2.958	0.003
协同意向＜－契约网络程度中心度	0.440	0.010	0.005	2.033	0.042
协同意向＜－信任网络程度中心度	−0.010	0.000	0.001	−0.192	0.848
协同意向＜－权力网络程度中心度	−0.438	−0.009	0.004	−1.983	0.047
协同意向＜－协同态度	0.879	0.798	0.084	9.555	***
协同行为＜－协同态度	0.482	0.410	0.140	2.935	0.003
协同行为＜－协同意向	0.333	0.312	0.141	2.221	0.026
协同行为＜－权力网络程度中心度	0.026	0.000	0.004	0.114	0.910
协同行为＜－契约网络程度中心度	−0.246	−0.005	0.005	−1.087	0.277
协同行为＜－信任网络程度中心度	0.170	0.004	0.001	3.314	***

注：*** 表示 $t > 3.29, p < 0.001$。

⑤契约网络程度中心度对协同行为,回归系数为−0.246,T(C.R.)值为−1.087(＜2),p 为 0.277(＞0.05),这说明契约网络中心度对协同行为的影响不显著。

根据侯杰泰等人(2004)的观点,可以通过将这些路径删除的办法来对模型进行修正。

2.国际旅游供应链协同行为修正模型二分析

为进一步提高模型的严谨性和可靠性,将修正模型一中 5 条不显著的路径进行删除处理,分别为:权力网络程度中心度对协同态度、契约网络程度中心度对协同态度、信任网络程度中心度对协同意向、权力网络程度中心度对协同行为和契约网络程度中心度对协同行为,之后形成新的模型,即修正模型二(见图 5.5)。

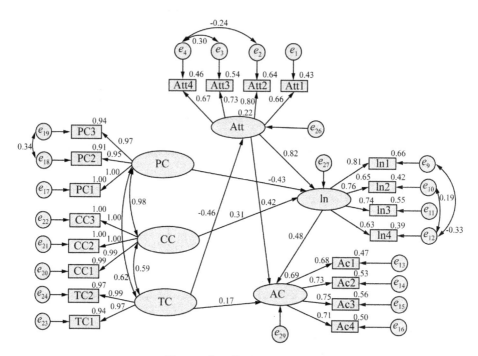

图 5.5 修正模型二分析结果

(1)修正模型二的拟合情况

表 5.17 中的拟合指数显示了结构方程修正模型二的各项指标的拟合情况,从表中数据可见,卡方与自由度的比值为 4.20(<5),RMSEA 值为 0.091(<0.1),IFI、TLI、NFI 和 CFI 值分别为 0.954、0.943、

0.941 和 0.954(均大于 0.9)。各项拟合指标均达到了普遍接受的标准,适合进行下一步的路径分析,各条路径的检验情况如图 5.5 所示。

表 5.17 修正模型二的拟合指数表

	χ^2	df	χ^2/df	IFI	TLI	NFI	CFI	RMSEA
标准模型的相关指标			<5	>0.9	>0.9	>0.9	>0.9	<0.1
研究量表拟合指数	650.304	150	4.20	0.954	0.943	0.941	0.954	0.091

资料来源:作者根据数据分析结果整理。

(2)修正模型二的路径分析

从图 5.5 和表 5.18 中的数据可见,在修正模型二中有两条路径的系数不够显著($p>0.05$):

表 5.18 修正模型二回归关系路径表

	标准化回归系数	非标准化回归系数	标准误差	临界比值	p
协同态度<-信任网络程度中心度	-0.465	-0.013	0.002	-7.842	***
协同意向<-权力网络程度中心度	-0.432	-0.008	0.004	-2.081	0.037
协同意向<-协同态度程度	0.824	0.721	0.073	9.813	***
协同意向<-契约网络程度中心度	0.310	0.007	0.005	1.474	0.141
协同行为<-协同态度	0.418	0.351	0.140	2.513	0.012
协同行为<-协同意向	0.476	0.458	0.158	2.904	0.004
协同行为<-信任网络程度中心度	0.069	0.002	0.001	1.434	0.151

注:*** 表示 $t>3.29,p<0.001$。

①契约网络程度中心度对协同意向,回归系数为 0.310,$T(C.R.)$值为 1.474(<2),p 为 0.141(>0.05),这说明契约网络程度中心度对协同意向的影响不显著;

②信任网络程度中心度对协同行为,回归系数为 0.069,$T(C.R.)$

值为 1.434(<2)，p 为 0.151(>0.05)，这说明契约信任网络程度中心度对协同行为的影响不显著。

根据侯杰泰等人(2004)的观点，可以通过将这些路径删除的办法来对模型进行修正。

3.国际旅游供应线协同行为修正模型三分析

为进一步提高模型的严谨性和可靠性，将修正模型二中两条不显著的路径进行删除处理，分别为：契约网络程度中心度对协同意向和信任网络程度中心度对协同行为。同时，与模型中其他潜变量关系均不显著的潜变量契约网络程度中心度也进行删除处理。之后形成新的模型，即修正模型三(见图5.6)。

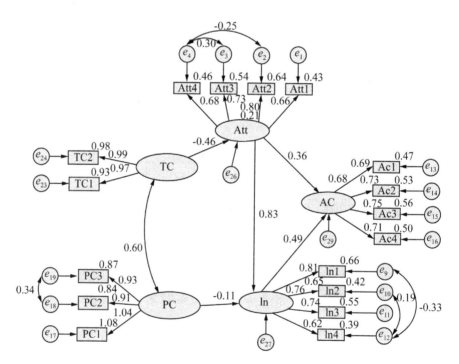

图 5.6　修正模型三分析结果

（1）修正模型三的拟合情况

表 5.19 中的拟合指数显示了结构方程修正模型三的各项指标的拟合情况，从表中数据可见，卡方与自由度的比值为 4.68（<5），RMSEA 值为 0.098（<0.1），IFI、TLI、NFI 和 CFI 值分别为 0.931、0.913、0.914 和 0.931（均大于 0.9）。各项拟合指标均达到了普遍接受的标准，适合进行下一步的路径分析，各条路径的检验情况如图 5.6 所示。

表 5.19　修正模型三的拟合指数表

	χ^2	df	χ^2/df	IFI	TLI	NFI	CFI	RMSEA
标准模型的相关指标			<5	>0.9	>0.9	>0.9	>0.9	<0.1
研究量表拟合指数	505.877	108	4.68	0.931	0.913	0.914	0.931	0.098

资料来源：作者根据数据分析结果整理。

（2）修正模型三的路径分析

图 5.6 为删除潜变量契约网络程度中心度和路径系数不够显著的路径后的修正模型三，从模型的各项拟合指标、各个变量之间的关系路径、测定系数及方差估计值来看，整个模型基本上达到了可以接受的标准（见表 5.20）。在实际的分析中，很难找到从各个角度看都完美的模型，按照侯杰泰等人（2004）的观点，我们要做的其实也就是在具有理论支持的模型中找到一个相对较好的折中模型。

表 5.20　修正模型三回归关系路径表

	标准化回归系数	非标准化回归系数	标准误差	临界比值	p
协同态度<－信任网络程度中心度	−0.461	−0.013	0.002	−7.796	***
协同意向<－协同态度	0.836	0.729	0.073	10.020	***
协同意向<－权力网络程度中心度	−0.111	−0.002	0.001	−2.434	0.015

续表

	标准化回归系数	非标准化回归系数	标准误差	临界比值	p
协同行为＜－协同意向	0.490	0.507	0.162	3.125	0.002
协同行为＜－协同态度	0.335	0.302	0.141	2.141	0.032

注：*** 表示 $t>3.29$，$p<0.001$。

　　修正模型三显示了本研究中所发现的中越国际旅游供应链节点企业的协同行为成因机制，即以节点企业的网络结构位置为前因变量，以协同态度和协同意向为中介变量，以协同行为为结果变量的国际旅游供应链协同行为成因模型，验证了网络结构位置、协同态度和协同意向对协同行为的影响作用。虽然网络结构位置中的契约网络程度中心度不能对协同行为产生直接和明确的影响，但并不表示其在协同行为的形成过程中无所作为，只是相比较其他潜变量，其影响的显著性较弱。在企业和供应链的实践过程中仍然可以通过提升契约合作关系和履约的诚信度来加强供应链内、外部之间的协同合作。

（三）国际旅游供应链协同行为结构方程模型研究发现

1.网络结构位置对协同态度和协同意向的负向影响

　　由图 5.6 和表 5.20 可见，信任网络程度中心度对协同态度存在负面的影响作用，回归系数为－0.461，$p<0.001$。这表明，信任网络程度中心度越高的节点企业对供应链协同的态度越消极。同时，权力网络程度中心度对协同意向也存在负面的影响作用，回归系数为－0.111，$p<0.05$。这表明权力网络程度中心度越高的节点企业进行供应链协同的意向越不积极。

2.协同态度和协同意向对协同行为的正向影响

从图 5.6 和表 5.20 同样可见协同态度和协同意向对协同行为的正向影响作用,回归系数分别为 0.836 和 0.490,$p<0.001$。这说明在中越国际旅游供应链中,节点企业的协同态度和意向越积极,其产生协同行为的可能性也就越大。同时,协同态度和协同意向作为中介变量,其对网络结构位置对协同行为的负向影响也有调节和扭转的作用。

六、国际旅游供应链协同行为研究的中介模型分析

(一)国际旅游供应链协同行为研究中的中介效应假设

根据本书的研究架构,涉及中介效应分析的初始假设有 6 个,分别为:

H6:协同态度在网络结构位置与协同行为之间具有中介作用。

H6-1:协同态度在权力网络程度中心度与协同行为之间具有中介作用。

H6-2:协同态度在契约网络程度中心度与协同行为之间具有中介作用。

H6-3:协同态度在信任网络程度中心度与协同行为之间具有中介作用。

H7：协同意向在网络结构位置与协同行为之间具有中介作用。

H7-1：协同意向在权力网络程度中心度与协同行为之间具有中介作用。

H7-2：协同意向在契约网络程度中心度与协同行为之间具有中介作用。

H7-3：协同意向在信任网络程度中心度与协同行为之间具有中介作用。

但基于前一个步骤中结构方程模型的检验结果，部分有关中介效应的研究假设并不成立：

其一，从图5.4和表5.16中的数据可知，因为权力网络程度中心度对协同态度和协同行为的影响作用都不够显著，因此H6-1不成立，应被删除；

其二，从图5.4和表5.16中的数据可知，因为契约网络程度中心度对协同态度、协同意向和协同行为三者的影响作用都不够显著，因此H6-2和H7-2不成立，都应被删除；

其三，从图5.4和表5.16中的数据可知，因为信任网络程度中心度对协同意向和协同行为的影响作用都不够显著，因此H7-3不成立，应被删除。

综上所述，本研究需要进行验证的关于中介效应的假设共2个：

H6-3：协同态度在信任网络程度中心度与协同行为之间具有中介作用。

H7-1：协同意向在权力网络程度中心度与协同行为之间具有中介作用。

(二)中介模型分析的原理

中介变量常常被用来解释自变量和因变量之间的关系因何存在以及如何发生。进行中介效应分析的目的在于,在已知自变量和因变量之间存在相关关系的基础上,探索这个关系产生的内部作用机制。中介变量是由自变量引起的,而由于中介变量的存在,又引发了因变量的变化。一般地,如果变量 X 通过影响变量 M 而对变量 Y 产生影响,则称 M 为中介变量(mediator)。自变量 X、因变量 Y 和中介变量 M 之间的作用机制可通过方程和路径图来进行描述,如图 5.7、图 5.8 和公式 5.1～5.3 所示。进行中介效应分析需要满足两个条件:首先,要求自变量 X 与因变量 Y 之间显著相关,即回归系数 c 显著,如图 5.7 和公式 5.1 所示;其次,要满足在自变量 X 与中介变量 M 显著相关的同时,中介变量 M 与因变量 Y 之间也显著相关,即回归系数 a 和 b 同时显著。此时,X 与 Y 之间的回归系数 c' 如果显著,则表示 M 的中介效应为部分中介;如果 c' 不显著,则表示 M 的中介效应为完全中介,如图 5.8 和公式 5.2 和 5.3 所示。

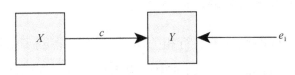

图 5.7　中介模型示意图 1

资料来源:温忠麟,张雷,侯杰泰,等,2004.中介效应检验程序及其应用[J].心理学报,36(5):614-620.

$$Y = cX + e_1 \tag{公式 5.1}$$

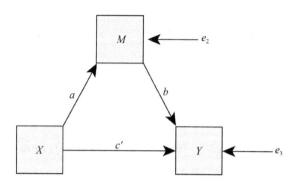

图 5.8　中介模型示意图 2

资料来源:温忠麟,张雷,侯杰泰,等 2004. 中介效应检验程序及其应用[J]. 心理学报,36(5):614-620.

$$M = aX + e_2 \qquad\qquad (公式\ 5.2)$$

$$Y = c'X + bM + e_3 \qquad\qquad (公式\ 5.3)$$

(三)国际旅游供应链中协同态度的中介效应分析(TC-Att-AC 中介模型分析)

1.TC-Att-AC 中介模型分析结果

通过在 AMOS 软件上运行相关模型和数据,得到了协同态度对信任网络程度中心度和协同行为的中介模型(TC-Att-AC)的各条路径的分析结果,如表 5.21 所示。由表中数据可见,信任网络程度中心度对协同态度(TC→Att)的影响在 0.001 的水平上达到显著,相关系数为 −0.494;协同态度对协同行为(Att→AC)的影响在 0.001 的水平上达到显著,相关系数为 0.853;信任网络程度中心度对协同行为(TC→AC)的影响在 $p < 0.05$ 的水平上未达到显著。信任网络程度中心度、

协同态度和协同行为三者之间关系的标准化路径如图 5.9 所示。

表 5.21　TC-Att-AC 的中介模型路径分析结果

关系路径	标准化回归系数	非标准化回归系数	标准误差	临界比值	p
TC→Att	−0.494	−0.014	0.002	−8.563	***
Att→AC	0.853	0.644	0.068	9.447	***
TC→AC	0.082	0.002	0.001	1.553	0.120

注：*** 表示 $t > 3.29$，$p < 0.001$。

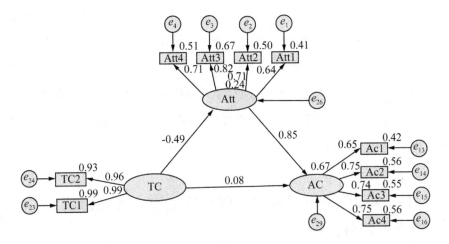

图 5.9　TC-Att-AC 中介模型

从表 5.22 中的拟合指标可以看出，虽然 IFI、TLI、NFI 和 CFI 值分别为 0.941、0.917、0.929 和 0.941（均大于 0.9），基本符合普遍接受的标准，但是卡方与自由度的比值为 5.42，大于 Wheaton 等人(1977)提出的小于等于 5 的标准，RMSEA 值为 0.107，大于 0.1 的可接受标准，说明模型的拟合度较差。

表 5.22 TC-Att-AC 中介路径的拟合指数表

	χ^2	df	χ^2/df	IFI	TLI	NFI	CFI	RMSEA
标准模型的相关指标			< 5	>0.9	>0.9	>0.9	>0.9	< 0.1
研究量表拟合指数	173.32	32	5.42	0.941	0.917	0.929	0.941	0.107

资料来源:作者根据数据分析结果整理。

2.TC-Att-AC 中介模型解释

由表 5.21 可见,在所有路径中:信任网络程度中心度对协同态度(TC→Att)和协同态度对协同行为(Att→AC)的影响是显著的,而信任网络程度中心度对协同行为(TC→AC)的影响未达到显著性水平,所以协同态度对信任网络程度中心度和协同行为的中介效应属于完全中介效应。但是由表 5.22 可知,TC-Att-AC 模型的部分拟合指数未达到可接受标准,所以协同态度对信任网络程度中心度和协同行为的中介效应的显著性还不确定,需要进行下一步的 Sobel 检验。

(四)国际旅游供应链中协同意向的中介效应分析(PC-In-AC 中介模型分析)

1.PC-In-AC 中介模型分析结果

通过在 AMOS 软件上运行相关模型和数据,得到了协同意向对权力网络程度中心度和协同行为的中介模型(PC-In-AC)的各条路径的分析结果,如表 5.23 所示。由表中数据可见,权力网络程度中心度对协同意向(PC→In)的影响在 0.001 的水平上达到显著,相关系数为一0.507;协同意向对协同行为(In→AC)的影响在 0.001 的水平上达到显著,相关系数为 0.707;权力网络程度中心度对协同行为(PC→AC)的影响在 0.001 的水平上达到显著,相关系数为—0.202。权力网络程度中心度、协同意向和协同行为三者之间关系的标准化路径如图 5.10 所示。

表 5.23　PC-In-AC 的中介模型路径分析结果

关系路径	标准化回归系数	非标准化回归系数	标准误差	临界比值	p
PC→In	—0.507	—0.009	0.001	—8.990	***
In→AC	0.707	0.733	0.079	9.313	***
PC→AC	—0.202	—0.004	0.001	—3.900	***

注:*** 表示 $t > 3.29, p < 0.001$。

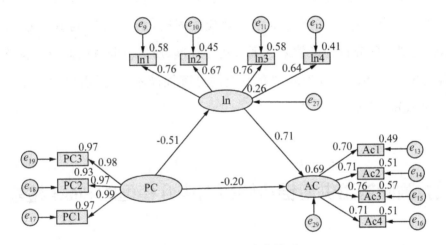

图 5.10　PC-In-AC 中介模型

从表 5.24 中的拟合指标可以看出,虽然 IFI、TLI、NFI 和 CFI 值分别为 0.953、0.936、0.942 和 0.953(均大于 0.9),基本符合普遍接受的标准,但是卡方与自由度的比值为 5.05,大于 Wheaton 等人(1977)提出的小于等于 5 的标准,RMSEA 值为 0.102,大于 0.1 的可接受标准,说明模型的拟合度很差。

表 5.24　PC-In-AC 中介路径的拟合指数表

	χ^2	df	χ^2/df	IFI	TLI	NFI	CFI	RMSEA
标准模型的相关指标			＜5	＞0.9	＞0.9	＞0.9	＞0.9	＜0.1
研究量表拟合指数	206.903	41	5.05	0.953	0.936	0.942	0.953	0.102

资料来源:作者根据数据分析结果整理。

2.PC-In-AC 中介模型解释

由表 5.23 中的数据可以看出,依次对 3 条路径进行检测都显示了显著性高的结果。同时,又由于权力网络程度中心度对协同行为(PC→AC)的影响是显著的,所以协同意向对权力网络程度中心度和协同行为的中介效应属于不完全中介效应。同时,由表 5.24 可知,PC-In-AC 模型的部分拟合指数未达到可接受标准,所以协同意向对权力网络程度中心度和协同行为的中介效应的显著性尚不确定,需要进行下一步的 Sobel 检验。

七、国际旅游供应链协同行为中介模型的 Sobel 检验

Sobel 检验也称为系数乘积项检验法,主要用以检验中介模型中的回归系数 a 和 b 的乘积项的显著性。检验统计量为 z,其计算公式如公式 5.4 所示。

$$Z = \frac{ab}{S_{ab}} = \frac{ab}{\sqrt{b^2 S_a^2 + a^2 S_b^2}} \qquad (公式 5.4)$$

其中,S_a 和 S_b 分别为 a 和 b 的标准误。

通过中介模型分析得出，两个有关中介效应的研究假设都需要进行 Sobel 检验，分别为：协同态度对信任网络程度中心度和协同行为的中介效应(TC-Att-AC)；协同意向对权力网络程度中心度和协同行为的中介效应(PC-In-AC)。Sobel 检验的计算结果如表 5.25 所示。

表 5.25　中介效应的 Sobel 检验结果

检验和统计量	a	b	S_a	S_b	Sobel 检验(Z)	显著性
TC-Att-AC	-0.494	0.853	0.002	0.068	-12.528	***
PC-In-AC	-0.507	0.707	0.001	0.079	-8.946	***

注：*** 表示 $z > 3.29, p < 0.001$。

由表 5.25 中的数据可见，进行 Sobel 检验的两条中介路径均在 0.001 的水平上达到显著，即协同态度对信任网络程度中心度和协同行为(TC-Att-AC)的中介影响作用、协同意向对权力网络程度中心度和协同行为(PC-In-AC)的中介影响作用都达到显著性水平。

至此，有关中介效应的研究假设的检验结果可总结如表 5.26 所示。

表 5.26　中介效应研究假设检验结果汇总表

编号	研究假设	结果	中介效应
H6-3	协同态度在信任网络程度中心度与协同行为之间具有中介作用	成立	完全中介
H7-1	协同意向在权力网络程度中心度与协同行为之间具有中介作用	成立	部分中介

第六章　国际旅游供应链协同策略研究

一、强化国际旅游供应链中"双核心"的理念和地位

关于旅游供应链中核心企业的确定一直是学术界和实务界争论的重要问题之一。本书通过对中越国际旅游供应链网络的社群图和中心性进行分析发现，由于国际旅游的特殊性，该旅游供应链中出现了"双核心"的现象：中、越双方的旅行社（包含旅游运营商和旅游代理商，特别是以旅游运营商最为突出）在该旅游供应链中表现出较高的网络中心度，在权力网络、契约网络、信任网络、态度网络所包含的 11 个子网络中，这些企业的中心度都是最高的。同时，在部分网络中还表现出分别以两国的旅行社企业为中心的两个子网络的现象（依赖网络、签约网络、履约网络、续约网络、态度行为网络等）。国外成功的实践经验和国内外无数学者的理论证明也都强调，旅行社处于整条旅游供应链的最核心的位置，掌握了最多的信息和资源，在沟通供应商与供应商、供应商与游客、供应商与旅行社的过程中以及协调、保障整条供应链中的服

务流的顺畅和质量方面都表现出不可替代的重要作用。而在国际旅游供应链中，两国的旅行社企业除了承担传统境内旅游供应链的职责之外，还必须扮演与国外旅行社、旅游供应商等企业进行沟通的联络人角色以及代表本国的旅游企业与国外旅游企业进行谈判和议价的代理人的角色等。申作兰和林德山（2009）、冯珍和王程（2014）也都在研究中提出过"双核心"的管理方式，他们认为在旅游供应链中可以由不同业态的旅游企业同时成为"核心企业"。因此，本书认为鉴于国际旅游供应链的特殊性，"双核心"的管理方式更加适合于供应链协同的实践需要。在国际旅游供应链中，由两国的运营商同时承担核心企业的角色，共同组织、管理和协调供应链的整体运营。同时，在实践中通过同时认可和突出两个核心企业在国际旅游供应链中的重要性而促进两国旅游企业之间更加深入了解和信任，推进协同观念的认知和理解，形成合理、有效的协同机制。

从旅游业的六大要素出发，可构建中越国际旅游供应链双核心的运营流程如图6.1所示。中越两国的旅游运营商共同居于整条供应链的核心位置，承担整条旅游供应链协同运作的战略目标和计划制定者的职责，并通过其影响力、吸引力和融合力的发挥，对供应链上的供应商所提供的旅游资源和产品进行整合与管理，对其服务质量进行监督和控制。旅游供应商基于供应链的协同性战略和计划为游客提供相应的产品和服务，将战略目标细化成各自的战术计划并有效实施。同时，不同业态的旅游供应商还要积极收集各类信息并及时传递给核心企业，为其战略决策提供依据和支持。在国际旅游供应链中，之所以强调"双核心"的重要性，是因为从宏观上来说，不同国别的旅游运营商企业对于本国的政策、法规、文化、经济、自然、旅游资源环境等更为熟悉和了解，更加有利于从宏观上把握这些要素的变化，从而为旅游供应链战略的调整提供参考;从中观上来说,各国的旅游产业结构存在着较大的差别,本国的运营商更加容易基于本国的产业实际构建适合于本国旅游产业结构,同时又能与国外旅游企业对接的协同性经营管理策略;从微观上来说,不论是语言、文化、旅游企业结构、游客偏好等,每个国家都呈现出不同的特征和极大的差异性。"双核心"的供应链管理方式的优越性主要体现在如下几个方面:首先,本国的运营商更能够协同供应商一道设计并提供彰显本国文化特色的旅游吸引物,为入境引流奠定好产品基础,为供应链带来收益;其次,"双核心"的管理方式是一定程度上的"管理本土化"的体现,有利于供应链更好地在提供旅游服务的过程中对供应链上的企业及时实施组织、监管、利益分配等,从而提高供应链的管理效率;再次,本国的旅游运营商更能清晰把脉本国的游客需求和趋势,从而为出境游设计更为合理和有效的营销推广方式;最后,"一进一出"的供应链资金流设计,可以有效帮助链上企业合理规避由于汇率和政策带来的金融风险,提高供应链的抗风险能力。

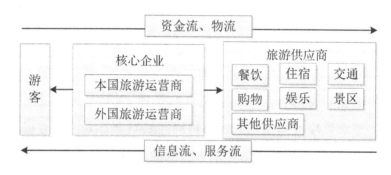

图 6.1　国际旅游供应链双核心流程示意图

二、在国际旅游供应链中构建
多渠道的协同信息共享模式

由中越国际旅游供应链的网络结构分析结论可知，从网络社群图看影响网络、依赖性网络、签约网络、履约网络、续约网络和态度行为网络等都存在非常明显的团簇现象。即中越两国的旅游企业都以各自的旅游运营商作为核心，形成了两个相对独立的子网络，而两个子网络之间的连接仅通过有限的中介来实现。两个团簇内部的节点之间相互关联的程度较高，而两个团簇之间只有少数连线经由节点1、2、3、4、33、34（代表中越两国的旅游运营商和代理商）相连接。这说明，在中越国际旅游供应链中，中越两国的旅游企业与本国国内的旅游运营商、代理商、供应商等都具有较为紧密的关联关系，而对于另一国的旅游企业的了解却只限于旅游运营商和代理商。这种现象特别不利于整个供应链的开放沟通和信息高度共享的实现，进而影响国际旅游供应链节点企业之间的相互了解和信任关系的建立，而这些都是获得良好认知和积极情感体验的前提。频繁且高效的沟通能增进双方的了解，加深和巩固信任关系，进而带来积极、正面的印象和态度。同时，这种现象也阻碍了旅游供应链内部以信息共享为前提的协同行为的实现。每个供应链企业首先是一个相对独立的信息系统，而在供应链层面，子网络的出现又造成了另一个层次上的信息独立，这会使旅游供应链内部企业之间的信息衔接受到双重阻碍，造成信息传递的不充分和不完整。而这种信息的不对称会进一步造成供应链上旅游企业之间的合作行为与决策过程的不稳定性和不确定性增大,进而阻碍供应链协同的实现。

为了打破国际旅游供应链企业之间信息在传递过程中的双重阻碍,最大限度弱化信息被扭曲、放大和延迟,实现有效的国际旅游供应链协同就更需要高质量的信息传递和共享。目前对于如何在供应链管理中强化企业之间的信息共享、减少传递过程中的信息失真的相关研究,大多侧重于生产和销售类别的某个具体环节的供应链运作过程,而对于由若干个不同国别和不同业态的旅游企业所构成的国际旅游供应链的全供应链层面的整体分析却很少见。Lee 和 Whang(2000)基于对生产型供应链中信息传递模式的研究,提出根据信息传递方向和信息类型,以供应链的核心企业作为信息传递的中心,将信息共享模式分为核心企业和辅助成员企业、核心企业和下游成员企业以及核心企业和上游成员企业的三种信息共享模式。基于 Lee 和 Whang(2000)的研究和实践当中的经验,可构建国际旅游供应链多渠道协同信息共享模式(见图 6.2)。该模式主要包含两个层次的信息共享:第一,子网络之间的信息共享模式。基于中越国际旅游供应链网络结构的分析结果,在国际旅游供应链中容易形成以本国旅游运营商为核心的 子网络,信息在这些子网络中相对独立和孤立。因此,首先应当从供应链协同的整体视角出发,构建子网络层面的信息共享机制,在不同子网络之间搭建信息共享的桥梁,改变原有的信息沟通渠道仅限于两国运营商之间的局面。第二,供应链企业之间的信息共享模式。加强和深化旅游供应链中不同国别的旅游企业之间的信息共享,是打破原有的子网络信息共享模式的有力方式,有利于实现多元化的信息共享和交流。例如:从企业的业态划分,旅游供应链中的企业所属的业态包括住宿业、餐饮业、运输业、娱乐业等等,可在不同国别的相同业态的企业之间建立信息交互的平台,通过需求变动、服务标准、价格制定等方面的信息共享,促进整条供应链的服务水平和质量的提升。从经营类别来划分,旅游企业又可以被分为旅游运营商、分销商、代理商、供应商等,在不同国别的相同类别企业间建立信息共享机制,并通过有效的信息共享和交流,可有效避免供应链的需求预测、库存管理等方面的信息扭曲,提高服务的效率和精确度。

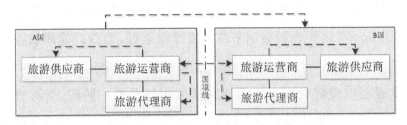

图 6.2 国际旅游供应链协同信息共享模式

另外,建立起畅通的交流渠道,通过先进的互联网技术、语音和文字互译技术、数据库技术等实现国际旅游供应链内部的多渠道信息共享,也可以增进国际旅游供应链内部节点企业之间的熟悉和信任程度,最终促进节点企业之间协同行为的产生,提升国际旅游供应链的协同合作的程度。

三、处理好国际旅游供应链 网络中"核心"与"边陲"的关系

通过对中越国际旅游供应链的协同行为的分析可知,国际旅游供应链节点企业的网络程度中心度通过协同态度和协同意向对协同行为产生负向的影响作用。即越是处于网络中心位置的企业越不容易产生

协同行为,而越是处于"边陲"的企业越是愿意和接受协同的理念进而产生协同行为。这样的结论刚好与我们的普遍认知和现实当中的实际做法背道而驰。现实中,越是处于中心位置的企业越容易汇聚资源、获得支持,甚至得到政府政策上的倾斜,这样的结果就是处于核心地位的企业越来越强大,掌握的权力和资源的优势越来越明显,也就更不愿意为了实现供应链协同而将垄断的信息和资源拿出来共享。与之相反的,处于"边陲"的企业则会越来越难以维续生存,最后只能附属或依赖于"核心"的企业而生存,最终供应链又变回了一个边界模糊的"大企业",这是与供应链管理理论和协同理论相违背的。同时,交易成本的增加和内耗的加剧使得整条供应链失去了市场竞争力而被迫解体或退出市场。究其最根本的原因,还是旅游供应链的节点企业在合作过程中没有处理好"核心"与"边陲"的关系,各个节点企业过于关注对自身利益最大化的追求以及现实的短期利益的实现。

因此,从网络结构的视角出发,处理好"核心"与"边陲"的关系,对于国际旅游供应链实现协同具有重要的意义。要处理好这二者的关系,可以从以下几个方面入手:

1.在国际旅游供应链内部健全合理的利益分配和风险分担机制

构建合理的利益分配和风险分担机制是促进节点企业协同行为产生的保障,也是供应链最终实现协同的基础,在制定利益分配和风险分担机制时应遵循以下原则:

(1)合理、普适性原则

国际旅游供应链所面临的内部和外部环境都极其复杂,在制定利益分配和风险分担机制时,除了要遵循普遍的管理科学和逻辑外,还要考虑到不同国家的政治、文化、经济等宏观环境以及不同企业的规模、特征、机构、文化、领导风格等内部因素。既要具有合理性，又要便于在不同的企业内部和企业之间进行推广。

（2）整体与个体相平衡原则

在国际旅游供应链中，各个节点企业对利益的分配和风险的分担，既要考虑供应链的整体目标和利益，又要考虑各个企业的特殊性和对资源贡献的不平等性，在以实现旅游供应链整体盈余为目标的大前提下，制定对个体突出贡献进行奖励的激励性政策。

（3）动态性原则

国际旅游供应链所面临的外部环境是瞬息万变的，供应链内部的节点企业是不断更迭的，节点企业之间的关系也是不断调整的。因此，制定利益分配和风险分担机制应当具有动态性、弹性和灵活性。

2.建立有效的节点企业间协同信任机制

刘彦（2012）在其研究中指出，组织协同信任机制的建立可以通过可靠路径、能力路径、友善路径和依赖路径4个路径来实现（见图6.3）。

图6.3　节点企业组织协同信任机制实现路径

资料来源：刘彦，2012.供应链节点间企业组织协同机制研究［D］.长春：吉林大学：48.

（1）可靠路径

指的是节点企业通过树立良好的企业形象和诚实守信的作风,而获得其他企业信任,在供应链内部构建可靠和互信的良好氛围的方法。特别是在国际旅游供应链中,不同国别的节点企业之间、核心企业与非核心企业之间以及不同国别的两个"子网络"之间的各种关系都更为复杂,通过可靠路径建立良性的供应链信任基础是其他路径实现的必要条件。

（2）能力路径

即通过增强节点企业各自在不同行业中的核心竞争力助力供应链整体发展和市场竞争力提升的方法。尤其对于处于"边陲"的企业来说,快速反应、市场适应、市场竞争等能力的提升一方面有助于各自综合实力的完善,另一方面也有利于供应链内部良好信誉的建立,是获得更多信任和合作机会的基础。

（3）友善路径

是指通过完善企业间的沟通渠道、加强信息和知识共享、积极反馈和解决问题等途径增进供应链企业之间的认同感,从而构建节点企业间良好信任机制的方式。

（4）依赖路径

即通过提高节点企业之间利益的相互关联程度而增进彼此信任的方式。国际旅游供应链中,节点企业可通过延长企业间的合作时长、加深彼此之间的业务参与、相互投资等方式提高彼此之间相互依赖、共担风险的程度。这种基于彼此利益相关的相互依赖性,有利于加强企业的合作性,减少机会主义行为的发生。

3.积极挖掘和发挥节点企业的禀赋资源优势

根据新结构经济学的观点,不同的对象(包括个人、组织、行政区域、自然区域等)都拥有着差异巨大的禀赋资源,这些资源既包含有形的自然资源、生产资源等方面,也包含无形的组织资源、社会资源等方面。节点企业只有基于各自的实际情况,积极发展具有优势的禀赋资源,才有可能在竞争中脱颖而出。这种观点正好与供应链管理中的优势互补理念相契合。因此,基于行业发展中的结构变迁,节点企业,不论处于网络中的"核心"还是"边陲",都应该着力考察各自在供应链中的优势业务,并集中人力、物力和财力,努力将其打造成自己企业的名片,才能在行业中获得竞争优势,在供应链中获得其他企业的信赖和认可。从国际旅游供应链结构与职能的对应关系来看,位于"核心"位置的企业多为旅行社企业,在供应链中以整合资源、设计产品、互联互通等工作最为擅长;而位于"边陲"的企业多为不同业态的旅游供应商,业务以提供不同的旅游要素服务为主。因此,国际旅游供应链中,基于共同的目标和利益,不同的企业专注于在各自最擅长的领域中提高业务能力和综合实力,不断地探索和创新,同时将效用最高的信息和知识在供应链中进行共享,将创造出"1+1＞2"的效果,最终实现供应链的进化和协同。

四、重视对国际旅游供应链中
积极协同态度的激发与管理

中越国际旅游供应链协同行为的数据分析结果显示,协同态度和协同意向对协同行为有积极的正向影响,同时它们在网络结构位置对协同行为的负向影响中具有缓和与调节的作用,而积极的协同意向又绝大部分来自积极的协同态度。因此,协同态度的积极与消极在很大程度上决定了协同行为产生的可能性。Ajzen(1985)的计划行为理论认为,行为态度来自行为信念,可以从态度认知、态度情感和态度行为三方面加以衡量(见图 6.4)。态度认知是对特定对象的认识、了解和掌握等的心理过程;态度情感是对特定对象所产生的喜欢或不喜欢、认可或不认可等的心理体验;态度行为是针对特定对象产生的采纳或不采纳、接受或不接受、实施或不实施等的具体行动。这三者既是独立的心理范畴,又相互关联和支撑:态度认知是态度情感和态度行为的基础,只有在对特定对象具有充分的认识和了解的基础上,才有可能产生更进一步的心理体验和行动,而基于态度认知所产生的积极或消极的态度情感又会影响下一步的行为方式。同时,行为方式的不同,与特定对象接触和互动的方式也会产生差异,进而又会影响下一步的认知活动。因此,对于特定对象所持态度的判断和管理应从多维度展开,同时也要注意其动态发展的轨迹和过程。

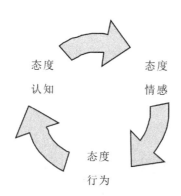

图 6.4 态度的三个维度

来源:AJZEN I, 1985. From intention to actions: a theory of planned behavior [M]. New York: Springer.

基于此,要促进协同行为的产生,很重要的一个方面就是应当从促进旅游供应链节点企业对协同理念的认知入手,在对实现协同能为整条旅游供应链以及供应链中的个体企业带来的变化和收益有充分认识的基础上,培养企业对协同的认可和接受的情感,为协同意向和协同行为的产生奠定好基础。通过对中越国际旅游供应链网络结构的MRQAP 分析可知,依赖性网络、影响网络、签约网络和信赖网络对协同态度的态度认知网络、态度情感网络和态度行为网络都存在正向的影响作用。因此,供应链管理过程中,加强节点企业之间利益依赖性和相互影响的机制设计,以及完善契约制度和信任机制的建立都将有利于国际旅游供应链中积极的协同态度的建立。

同时,笔者在调研的过程中发现,中越国际旅游供应链的节点企业之间进行交流和沟通的方式仍然局限于传统的电话、邮件和即时通信工具等,沟通的效率和效果极其有限。应当积极引入先进的技术和设备,为协同合作的实现提供技术上的支持,使得企业间的沟通和共享更为便捷,使得业务上真正实现无缝对接,从而为信息流、资金流、客流、旅游流的顺畅创造积极的条件,使旅游供应链中的企业切实体会到协同带来的便捷和高效,从而提升其对于协同的积极性,最终推动协同行为的产生和旅游供应链实现真正的协同。

第七章　国际旅游供应链协同行为研究结论与展望

本书以国际旅游供应链作为研究对象,在对众多国内外旅游供应链管理的研究成果进行归纳和分析的基础上,通过社会网络分析方法和结构方程建模的方法,分别在网络层次和个体层次上,对影响国际旅游供应链节点企业协同行为的关系数据和属性数据进行分析和探讨。本章主要对本书的研究工作和结论进行归纳总结,并对后续的研究和管理实务提出建议。

一、国际旅游供应链结构与协同行为主要研究工作和研究结论

本书的研究分为网络层次和个体层次两个研究层面:网络层次的研究主要是从所调查的 6 条中越国际旅游供应链的 156 家企业中选取"丽江—大理—昆明—老街—河内—下龙湾"这条具体的旅游线路的供应链上的 49 家旅游企业作为研究对象,对其进行社会网络结构、矩阵相关性和矩阵回归的分析;个体层面的研究主要是对影响中越国际旅

游供应链节点企业协同行为形成的前因变量和中介变量进行探讨,并通过结构方程模型构建国际旅游供应链协同行为成因模型。主要的研究工作和研究结论包括如下几个方面:

(一)国际旅游供应链网络层次的研究工作和研究结论

本书网络层次分析的目的在于为旅游供应链管理实务提供一种新的网络结构分析方式,为管理者对旅游供应链内部节点企业间的互动问题的诊断提供参考,并为识别和确定旅游供应链中的关键和核心企业提供更科学、可靠的方法,以构建旅游供应链内部企业间合理的互动、沟通、合作及协同机制,进而提升旅游供应链的竞争实力。具体的研究结论包含以下几个方面的内容:

①在国际旅游供应链中,旅游运营商和旅游代理商(一般为旅行社企业)拥有着最为核心的权力,享有较好的声誉和可信度。对旅游供应链中的其他企业存在支配和影响的作用,而其他企业在资源、信息、管理等方面对旅游运营商和旅游代理商存在一定的依赖性。并且,在国际旅游供应链中,节点企业的结构位置都明显地围绕旅行社企业分成了两个团簇,两个团簇之间又通过这些核心的节点企业相连接。因此,国际旅游供应链中,两国的旅行社都处于供应链的核心企业的位置,形成一种"双核心"的供应链模式。

②通过 QAP 相关分析和 MRQAP 回归分析可得到 3 个回归模型:

$$Y_1 = 0.156 + 0.147 X_1 + 0.220 X_2 + 0.276 X_4 + 0.241 X_8 + \varepsilon$$

$$Y_2 = 0.123 + 0.164 X_1 + 0.287 X_2 + 0.239 X_4 + 0.167 X_8 + \varepsilon$$

$$Y_3 = 0.062 + 0.179 X_1 + 0.185 X_2 + 0.320 X_4 + 0.206 X_8 + \varepsilon$$

由回归模型可知,依赖性网络、影响网络、签约网络和信赖网络对协同态度网络中的认知、情感和行为三个维度都具有显著的影响作用。因此,在国际旅游供应链的节点企业中,积极的协同态度的建立与该企业在供应链中对其他企业的依赖性、对其他企业的影响作用、与其他企业的签约情况以及该企业获得其他企业信赖的情况等因素有关。

(二)国际旅游供应链个体层次的研究工作和研究结论

本研究的主要目的在于从社会网络的视角探讨国际旅游供应链网络中节点企业的网络结构位置以及协同态度、协同意向等对其协同行为产生影响的机制。构建一个理论分析的框架,以整合社会结构和供应链中节点企业的个体行为作用机制。根据文献综述和数据分析,本书构建的旅游供应链网络协同行为成因模型如图 7.1 所示。

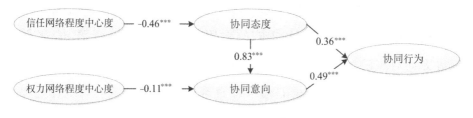

图 7.1 协同行为成因模型

注:*** 表示 $t > 3.29, p < 0.001$。

通过对此模型分析可以得出以下结论:

①网络结构位置,包括信任网络程度中心度和权力网络程度中心度分别通过协同态度和协同意向对协同行为产生负向的影响作用,说明在旅游供应链中越是处于中心位置的"核心企业"(掌握的权力更多、受到别的企业依赖和信赖更多的企业)越不容易产生协同行为。这个

结论与 Becker(1970)关于"边陲的人"与"核心的人"的结论相一致。"供应链协同"在旅游行业作为一种新的理念和技术被提出来之后,虽然大家看到了供应链协同之后的"美好前景",但是由于对"失去现有控制权和优势资源"的担忧,原本处于核心位置的企业通常不太愿意与"边陲企业"共享自己独有的信息和资源,因此对供应链协同存在一定的排斥和抵触;而处于"边陲"的企业则希望通过协同的方式拉近与核心企业之间的资源和信息差距,借助供应链上的协同合作获得更多的利益和竞争优势。因此,本书获得的这条结论既符合理论的推演又符合现实的业务实践,具有理论和现实意义上的合理性。

②协同态度和协同意向的中介作用及其对协同行为的正向影响作用。Ajzen(1985)在其计划行为理论中对行为态度、行为意向和行为这三者之间的关系进行了论证,指出行动者的行为受到其行为意向的影响,而其行为意向又来自其行为态度的判断。同样,Davis(1989)在技术接受模型中也曾指出行为态度对于行为意向和个体行为的正向影响作用及行为态度和行为意向所产生的中介效应。因此,在国际旅游供应链中,协同态度和协同意向越强的节点企业,其产生协同行为的可能性也就越大,而协同意向积极与否很大程度上取决于该企业对于协同的态度(两者回归系数为 0.83, $p < 0.001$)。同时,作为网络结构位置与协同行为之间的中介变量,协同态度和协同意向对于网络结构位置的负向影响有调节和缓冲的作用。

③协同态度和协同意向在网络结构位置对协同行为的影响作用中具有中介作用。其中,在 TC-Att-AC(信任网络程度中心度-协同态度-协同行为)中介模型中为完全中介效应,在 PC-In-AC(权力网络程度中心度-协同意向-协同行为)中介模型中为部分中介效应,如图 7.2 和图 7.3 所示。

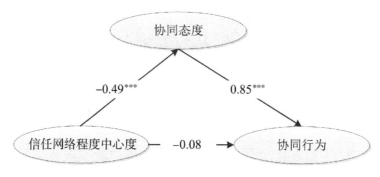

图 7.2　TC-Att-AC 中介模型

注:无 * 表示路径不显著;*** 表示 $t > 3.29, p < 0.001$。

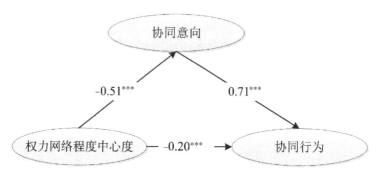

图 7.3　PC-In-AC 中介模型

注:*** 表示 $t > 3.29, p < 0.001$。

二、国际旅游供应链协同行为研究展望

　　本书的研究已告一个段落,但是对于国际旅游供应链协同合作的研究和探讨,这仅仅是个开始。相比此问题的现实和理论价值,本书的研究结论显得微不足道,因此,希望能有更多理论界和实务领域的专家参与到这一问题的研究和讨论中来,也希望本人在未来的研究道路上能有更多的发现和突破。此处就本书未尽完善之处提出几个后续发展的方向:

第一,本书通过网络层次的分析发现国际旅游供应链中存在双核心企业的现象,但是由于本书的篇幅和个人精力有限,未能进行更加深入的分析和研究。在未来的研究中可以从双核心企业的成因机制、其对国际旅游合作的影响路径、其在互联网背景下的演化与发展等方面进行更加深入和细致的研究。这将对促进国际旅游供应链的发展、提升其竞争优势具有较强的应用价值和指导意义。

第二,本书首次尝试将社会网络分析的方法引入旅游供应链的分析当中,为将来在旅游供应链领域进行研究的学者提供了一些方法上的借鉴。但是本书也只应用到了社会网络分析方法中较为基础的一些内容,在未来的研究道路上还可以继续尝试其他更多的研究角度和方法,如结构洞分析、聚类分析、镶嵌问题等等。这些方法在旅游供应链中的应用虽然具有一定的难度,但对于旅游供应链理论体系和研究方法的完善、对于实践中协调好节点企业之间的竞争与合作关系都具有较高的价值。

第三,本书采用社会网络分析法中的整群抽样方法,抽取中国云南和越南具有国际旅游合作的旅游线路上的企业作为研究的样本,对其网络结构位置和协同行为之间的关系路径进行分析,探讨国际旅游供应链协同行为产生的成因机制。这种研究方法可以复制到对其他地域的研究当中,例如中国广西与越南的旅游合作,中国与其他南亚、东南亚国家的旅游合作等。这方面的研究,对于通过旅游合作促进"一带一路"共建国家更加深入的文化交流与互通,对于保持边境地区的和平与稳定,都具有较强的现实意义。

第四,2020年初开始暴发的新冠疫情,给旅游业尤其是国际旅游带来了前所未有的冲击,对于从事国际旅游的企业来说,这是一次极大的挑战。因此,在面对全球性的公共卫生事件以及突发事件的大背景下,探讨供应链的抗风险能力,以及后疫情时代旅游供应链如何修复等问题也是当下最具现实意义和亟待解决的难题。

三、国际旅游供应链协同行为研究的局限性

本书从网络层次和个体层次两个方面对国际旅游供应链网络的结构特征进行了分析,并构建和验证了节点企业协同行为的成因模型。在完成本书之时,发现仍有一些可以继续完善和提高之处,主要体现在如下几个方面:

(一)研究变量和模型的局限性

本书基于社会网络分析法、技术接受模型和计划行为理论模型,以国际旅游供应链中节点企业的网络结构位置、协同态度、协同意向作为前因变量,探讨影响节点企业协同行为产生的因素。由于本人精力和能力有限,无法穷尽所有相关的理论知识和文献,因此变量的选择和模型的构建都存在一定的局限性。从不同的角度和层面对旅游供应链的协同行为进行研究,可以发掘出无数不同的变量,从而构建无数不同的模型。例如从外部因素的影响作用看,政策、经济、文化等因素都会对旅游供应链的协同行为产生影响,构建研究模型时应当将这些变量充分考虑进去。

(二)研究方法的局限性

根据研究目的和研究内容的安排,本书主要用到的研究方法包括社会网络分析法、数理统计分析法、归纳与演绎法等,主要运用到的分析工具包括 UCINET、SPSS 和 AMOS 等。采用不同的研究方法和工具,也许得到的结果会大相径庭。但由于本人所学有限,无法尝试使用更多的研究方法和研究工具对目前的研究结论进行反复验证和推敲,这也是本书的研究局限之一。

(三)研究结论适用范围的局限性

从个体层次的分析来看,由于抽样的局限性,研究结论不一定适用于对其他旅游供应链网络的分析,应当结合旅游供应链网络的实际情况而定。同时本书的抽样调查时间为 2019 年 3—5 月,随着时间的推移和旅游供应链的不断成熟和发展,节点企业间的关系及各自的属性和行为难免发生改变,因此本书的研究结论具有一定的应用时效的局限性。另外,从网络层次的分析来看,研究的结论不适用于研究样本之外的其他国际旅游供应链网络的分析,适用范围局限性较大。

参考文献

阿伦森，威尔逊，埃克特，2016.社会心理学：阿伦森眼中的社会性动物[M].侯玉波，等译.北京：机械工业出版社.

安德鲁，坎贝尔，2003.战略协同[M].2版.任通海,龙大伟,译.北京：机械工业出版社.

安索夫,2009.新公司战略[M].曹德骏,范映红,袁松阳,译.成都：西南财经大学出版社.

白如彬，2012.分销商跨组织私人关系-组织关系对速度竞争优势的影响研究[D].成都：西南交通大学.

蔡家成，2000.试论我国出境旅游管理体制改革问题[J].旅游学刊,15(3):13-18.

蔡万坤，1984.试论国际旅游市场的动向和特点[J].世界经济(3):58-62.

程道品，1995.广西国际旅游市场分析及开发战略研究[J].社会科学家(3):70-79.

陈阁芝，刘静艳，王雅君，2017.旅游供应链协同创新的治理困境：契约还是关系？[J].旅游学刊,32(8):48-58.

陈敬芝，2013.旅游供应链运作模式可靠性的评价指标体系构建研究[J].物流技术(5):71-72,98.

陈永昶,徐虹,郭净,2013.满意均衡:基于供应链视角对游客满意与旅游购物问题的探讨 [J].旅游学刊(3):80-86.

崔琳琳,柴跃挺,2007.供应链协同的定量评价[J].计算机集成制造系统,13(5):990-995.

崔琳琳,柴跃挺,2008.企业群体协同机制的形式化建模及存在性[J].清华大学学报(自然科学版),48(4):486-489.

代葆屏,2002.旅行社供应链管理模式初探[J].北京第二外国语学院学报(1):19-22.

丹尼尔·雷恩,1997.管理思想的演变[M].李柱流,等译,北京:中国社会科学出版社:348.

邓小娟,于正松,2014.旅游供应链成员协作关系治理问题研究[J].物流技术(3):255-257.

杜明娥,2010.关于海南国际旅游岛建设与可持续发展的思考[J].生态经济(9):138-140.

方忠民,2013.基于契约合作与信息共享的供应链协同研究[D].长沙:中南大学(博士论文).

冯良清,2012.服务型制造网络节点质量行为研究[D].南昌:南昌大学.

冯珍,王程,2014.智慧旅游服务供应链中竞争企业的进化博弈[J].贵州社会科学(3):94-97.

高海燕,2014.基于宾馆与航空公司的旅游供应链协调研究[J].现代商贸工业(8):75-76.

高充彦,贾建民,2007.顾客满意度不确定性对服务质量评价的影响[J].管理科学学报,10(2):39-47.

高玥,2010.旅游供应链中的伦理管理问题研究[J].经济研究导刊

（35）：200-201.

葛世通，2011.旅游服务供应链两级协调模型[J].科技创业月刊（5）：
14-15，35.

桂晓苗，2013.电子商务生态链协同竞争机制研究[D].武汉：华中师
范大学.

郭海玲，严建援，张丽，等，2011.旅游服务供应链形成动因及其模式
演进[J].物流技术（23）：169-173.

郭伟，卢遵伟，2014.旅游供应链结构演进及其核心企业重构[J].企业
经济（7）：110-113.

郭栩东，2012.绿色旅游供应链管理视角下的绿道旅游开发模式研究
[J].资源开发与市场，28（8）：94-98.

郭治安，沈小峰，1991.协同论[M].太原：山西经济出版社.

哈肯，1987.协同学讲座[M].宁存政，李应刚，译.西安：陕西科学技
术出版社.

何国军，2014.基于协同理论的出版供应链管理研究[D].武汉：武汉
大学.

何佳梅，张善芹，2007.我国出境旅游供应链建设研究[J].人文地理
（2）：39-42.

贺金霞，2017.基于协同理论的粮食供应链协同动因及影响因素分析
[J].物流科技（11）：129-132.

侯静怡，梁昌勇，周明勇，2014.旅游供应链服务质量与成本控制研究
[J].现代管理科学（4）：96-98，117.

亨利·法约尔，2014.工业管理与一般管理[M].张扬，译，北京：北京理
工大学出版社.

侯泰杰，温忠麟，成子娟，2004.结构方程模型及其应用[M].北京：教

育科学出版社.

胡康华,2016.云计算背景下的新型旅游供应链构建研究[J].河南科学(6):986-990.

胡宇,2013.旅游供应链利益分配中的产品定价协调机制研究[J].物流技术(9):369-371.

黄丹霞,张俐俐,2009.构建以旅行社为核心的绿色旅游供应链初探[J].安徽农业科学(5):2232-2233,2237.

黄晶,吕维霞,刘宇青,2010.旅游目的地供应链管理对游客满意度的影响因子分析[J].旅游论坛(4):401-406.

黄立国,2010.我国旅游供应链的协调研究[J].商业时代(2):38-39.

黄猛,舒伯阳,2015.以在线旅游服务商为核心的新型旅游供应链构建研究[J].湖北社会科学(4):83-88.

黄小原,晏妮娜,2007.供应链鲁棒性问题的研究进展[J].管理学报,4(4):521-528.

霍兰,2000.隐秩序:适应性造就复杂性[M].周晓牧,韩晖,译.上海:上海科技教育出版社.

姜先行,2006.从跨文化交际的角度看深圳的国际旅游软环境[J].特区经济(10):67-69.

蒋芸,2018.新常态下我国旅游供应链质量管理研究[J].度假旅游(6):3-5.

荆龙姣,2011.企业间协同与价值创造[J].求索(3):29-31.

嵇雅楠,周刚,2016.以旅游电商为核心的旅游服务供应链协调研究[J].甘肃科学学报(3):130-134.

卡尔·马克思,1975.资本论[M].北京:人民出版社:372.

廖国一,2006."两廊一圈"建设与中越旅游合作[J].广西师范大学学报

（哲学社会科学版），42（1）：42-47.

廖建夏，2014.试论中越"两廊一圈"生态文明建设合作[J].创新，49（1）：34-40.

李岚，2014.论基于旅游服务供应链形成的动因[J].旅游纵览（下半月）（1）：47-48.

李莉，宋阳，2017.小微创业企业信息化协同行为模式研究[J].现代经济信息（7）：51-52.

李敏纳，程叶青，蔡舒，等，2019.国际旅游岛建设以来海南省产业空间分异格局及其驱动机制[J].地理科学，39（6）：967-977.

李全喜，张鹏，王楠，2015.供应链企业知识协同过程研究[J].情报科学（7）：150-154.

李万立，李平，贾跃千，2005.旅游供应链"委托-代理"关系及风险规避研究[J].旅游科学（4）：22-27.

李万立，李平，2007.转型时期我国旅游供应链优化机制研究[J].桂林旅游高等专科学校学报（4）：600-605.

李万立，2006.旅行社的旅游供应链定位[N/OL].中国旅游报，2006-11-27[2018-10-04].http://kns.cnki.net/kcms/detail/detail.aspx?dbname＝ccnd2006&filename＝CLYB200611270111&dbcode＝ccnd.

李万立，燕浩鹏，李平，2007.关于旅游供应链研究中几个问题的思考：兼与路科同志商榷[J].旅游学刊（9）：92-96.

李晓琴，银元，2012.低碳旅游产业集群供应链管理研究[J].西南民族大学学报（人文社会科学版），33（1）：141-144.

李艳花，2008.信息化背景下旅游供应链核心企业探讨[J].商场现代化（15）：87-88.

李志伟，2018.基于GO法的旅游供应链可靠性研究[J].河北企业

（3）：62-63.

林强，魏光兴，2018.基于公平偏好的旅游服务供应链定价决策与契约协调[J].旅游学刊(4)：59-69.

林聚任，2009.社会网络分析：理论、方法与应用[M].北京：北京师范大学出版社.

刘广文，2008.服务型供应链：构造企业新的竞争体系[J].市场周刊(2)：48-49.

刘浩，2011.旅游供应链可靠性评价与管理[J].商业经济研究(29)：135-136.

刘恒飞，2009.旅游业供应链管理模式研究[D].武汉：华中师范大学.

刘建民，2012.文化权力视角下的中越边境旅游商品变迁：以广西东兴红木制品为例[J].云南民族大学学报(哲学社会科学版)(6)：41-45.

刘军，2009.整体网络分析讲义：UCINET 软件实用指南[M].上海：格致出版社,上海人民出版社.

刘力，陈浩，韦瑛，2015.名人代言目的地对旅游者态度和行为的影响[J].资源科学,37(8)：1588-1597.

刘玫，2011.基于敏捷供应链的旅游服务质量管理研究[J].江苏商论(4)：123-125.

刘庆余，2008.PPG 模式与旅游业供应链管理创新[J].旅游学刊,23(9)：54-59.

刘小群，马士华，2004.物流外包中的"委托-代理"关系及其风险研究[J].经济管理·新管理(22)：55.

刘新红，冷志杰，高艳，2008.大庆湿地旅游供应链模式初探[J].大庆师范学院学报,28(5)：127-130.

刘彦，2012.供应链节点间企业组织协同机制研究[D].长春：吉林大学:48.

路科,2006.旅游业供应链新模式初探[J].旅游学刊(3):30-33.

卢曼,2005.信任[M].瞿铁鹏,李强,译.上海:上海人民出版社.

罗伯特·默顿,2006.社会理论和社会结构[M].唐少杰,齐心,译.南京:译林出版社.

罗燕春,卢琳,2013.基于灰色理论的宜宾旅游物流供应链可靠性评价[J].物流技术(17):271-273.

马丁·克里斯托弗,2003.物流与供应链管理[M].北京:电子工业出版社.

马宏丽,2014.网络环境下景区主导型旅游供应链合作盈利模式研究[J].物流技术(7):300-303.

马士华,2010.供应链管理[M].武汉:华中科技大学出版社.

马士华,林勇,陈志祥,2000.供应链管理[M].北京:机械工业出版社.

马士华,林勇,等,2016.供应链管理[M].5版.北京:机械工业出版社.

马育倩,段迎豪,2014.旅游服务供应链运作中成员环节关系的协调研究[J].物流技术,33(1):289-291.

迈克尔·波特,1997.竞争优势[M].陈丽.译.北京:华夏出版社.

孟维娜,2016.中越边境地区跨国旅游开发合作的政策取向探讨[J].广西民族大学学报(哲学社会科学版)(6):142-144.

穆东,2006.供应链系统的复杂性构成分析[J].中国流通经济(8):10-14.

慕晓峰,赵洁,2010.基于供应链思想的旅游产品质量管理[J].内蒙古科技与经济(12):26-27.

牛君仪,2014.基于非对称性质量风险的旅游产品供应链运作问题分析[J].物流技术,33(13):386-389.

潘翰增，2011. 旅游服务供应链协调研究［D］. 哈尔滨：哈尔滨理工大学.

潘晓东，鄢章华，等，2011. 旅游服务供应链信任均衡研究［J］. 科技与管理，13(4)：31-34.

彭建仿，2011. 农产品质量安全路径创新：供应链协同：基于龙头企业与农户共生的分析［J］. 经济体制改革(4)：77-80.

邱亚利，2013. 推进旅游供应链服务质量决策优化研究［J］. 物流技术(11)：210-212，249.

仇莉，伊赛，2014. 景区依托集聚型农家乐旅游供应链的风险评估［J］. 物流工程与管理(8)：81-83.

单璐，邓溯锐，2007. 跨企业协同信息管理竞争力的绩效评价研究［J］. 商场现代化(14)：84-85.

盛学峰，李德明，2009. 安徽省国际旅游产业结构分析与优化研究［J］. 特区经济(6)：129-131.

申作兰，林德山，2009. 浅析旅游物流［J］. 中国储运(7)：107-108.

石园，黄晓林，张智勇，等，2013. 基于信息共享的旅游供应链合作预测问题研究［J］. 经济地理(6)：170-175.

石园，柯晨旭，张智勇，等，2013. 数量限购下旅游供应链协调问题研究［J］. 物流技术(13)：150-153.

舒波，2010. 国内外旅游服务供应链及复杂网络相关研究综述与启示［J］. 旅游科学，24(6)：72-83.

舒波，2007. 旅行社在动态供应链中的不确定性分析与"鲁棒性"判别［J］. 旅游科学，21(6)：32-39.

宋露露，袁国宏，2015. 国内旅游供应链研究综述［J］. 商业经济研究，661(6)：123-125.

孙鹏,2012.基于复杂系统理论的现代物流服务业与制造业协同发展研究[D].长沙:中南大学.

苏尼尔·乔普拉,彼得·迈因德尔,2017.供应链管理[M].陈荣秋,等译,北京:中国人民大学出版社.

苏志平,顾平,2010.基于供应链的旅游企业社会责任研究[J].江苏科技大学学报,10(3):41-46.

唐晓波,黄圆媛,2005.协同学在供应链协同中的应用研究[J].情报杂志,24(8):23-25.

陶春峰,2015.区域旅游服务供应链联盟的利益协调机制研究[D].南昌:南昌大学.

滕达,2012.秦皇岛旅游供应链游客满意度研究[D].秦皇岛:燕山大学.

王保进,2002.窗口版SPSS与行为科学研究[M].台北:心理出版社.

王宪,2015.低碳经济背景下绿色旅游供应链构建与评价[J].人民论坛(29):226-228.

王芬,2010.以景区为核心的绿色旅游供应链运作研究[J].浙江海洋学院学报(人文科学版)(2):52-55.

王海鸿,杨敬,2008.甘肃省国际旅游产业结构分析[J].统计与决策(7):111-112.

王娟,明庆忠,娄思元,2018.西南沿边省区边境旅游竞合发展研究[J].学术探索(1):57-62.

王玖河,杨阳,2013.基于CPFR的旅游供应链协同模式研究[J].科技与管理,15(4):89-93.

王细芳,陶婷芳,2012.面向散客时代的柔性旅游供应链模型研究[J].生态经济(9):42-48.

王雨韩，2018. 海南国际旅游岛旅游市场价格机制完善研究[J].价格月刊(5):86-89.

魏宏森，1983. 系统科学方法论导论[M]. 北京:人民出版社:24.

温忠麟，张雷，侯杰泰，等，2004.中介效应检验程序及其应用[J].心理学报，36(5):314-620.

韦斯顿，1998. 兼并、重组与公司控制[M].苏珊，侯格，等译. 北京:经济科学出版社.

吴丹，2011. 通过打造低碳供应链提升农业游品质[J]. 湖北农业科学(21): 4509-4512.

吴良勇，2012. 面向散客旅游服务的旅行社敏捷供应链管理研究[J]. 商场现代化,687(18): 22-24.

吴明隆，2009. 结构方程模型:AMOS 的操作与应用[M]. 重庆:重庆大学出版社.

吴明隆，2010. 问卷统计分析实务:SPSS 操作与应用[M]. 重庆:重庆大学出版社.

吴明隆，2010.问卷统计分析实务:SPSS 操作与应用[M]. 重庆:重庆大学出版社.

伍百军，2013.旅游供应链运作机制的协同性探微[J]. 商业时代(9):55-57.

伍春，唐爱君，2007.旅游供应链模式及其可靠性评价指标体系构建[J]. 江西财经大学学报(5):107-109.

夏晶，2006. 打造中国西部绿色旅游供应链[J]. 资源开发与市场(6):585-587.

夏爽，甘筱青，谌贻庆，2008.旅游服务供应链的委托代理机制研究[J].科技广场(4):18-19.

谢彦君,卫银栋,胡迎春,等,2019.文旅融合背景下海南国际旅游消费中心的定位问题[J].旅游学刊,34(1):12-22.

徐会奇,齐齐,王克稳,2013.基于网络化环境的旅游供应链构建研究[J].商业研究(3):205-211.

徐虹,2009.供需环境变化对旅游目的地供应链内涵的影响研究[J].北京第二外国语学院学报(9):14-19.

徐虹,周晓丽,2009.旅游目的地供应链概念模型的构建[J].旅游科学(5):15-20.

颜娟,2011.我国旅游供应链协调机制的问题及对策[J].学习月刊(4):112-113.

闫岩,2014.计划行为理论的产生、发展和评述[J].国际新闻界,36(7):113-129.

杨晶,2009.基于多元结构的旅游供应链协调机制研究[D].厦门:厦门大学.

杨晶,黄福才,2012.多元视角下的旅游供应链协调机制研究[J].现代管理科学(10):14-16.

杨丽,李帮义,2008.以旅行社为核心的旅游供应链构建研究[J].经济问题探索(7):101-105.

杨丽,李帮义,兰卫国,2009.基于旅游产品定价的旅游供应链利润分配协调研究[J].生态经济(2):106-108,124.

杨树,杜少甫,梁樑,等,2009.旅游供应链最优服务质量决策[J].管理科学学报(3):37-43.

杨树,2008.旅游供应链竞争与协调[D].合肥:中国科学技术大学.

杨中芳,彭泗清,1999.中国人人际信任的概念化:一个人际关系的观点[J].社会学研究(2):3-23.

伊戈尔.安索夫,2010.公司战略[M].北京:机械工业出版社.

印旭斌,2016.分析以旅游电商为核心的旅游服务供应链协调研究[J].旅游纵览(下半月)(8):195.

于丹,董大海,刘瑞明,等,2008.理性行为理论及其拓展研究的现状与展望[J].心理科学进展(5):796-802.

袁珈玲,2014.构建中越国际旅游合作区浅探[J].东南亚纵横(4):45-48.

袁丽婷,2013.旅游供应链视角下的旅游需求预测[D].广州:暨南大学.

袁丽婷,陈乐君,2015.基于灰色模型的旅游供应链风险因素分析[J].中国商论(Z1):102-104.

曾文杰,2010.基于合作伙伴关系的供应链协同影响因素研究[D].武汉:华中科技大学.

张凤玲,岑磊,2010.旅游供应链可靠性评价模型分析[J].商业时代(20):117,132.

张浩元,白华,2015.旅游供应链协同需求预测仿真[C]//国际信息和计算机科学研究协会.第三届国际应用社会科学研究会议论文集(ICASSR 2015).北京:北京欣永顺文化传播有限公司.

张杰,2013.基于旅行社的绿色旅游供应链构建[J].物流技术(9):397-399,432.

张磊.管理协同:当盖茨联手德鲁克[EB/01].(2005-08-19)[2018-11-06].http://e.chinabyte.com/146/2079146.shtml.

张丽,严建援,2010.供应链的权力、契约、信任网络及其特征:基于社会网络分析[J].物流技术(20):108-111,114.

张令荣,2011.供应链协同度评价模型研究[D].大连:大连理工大学.

张璐，秦进，2012. 在线旅游服务供应链风险分析[J]. 中国管理科学(S2)：580-585.

张侨，蔡道成，2012. 可持续旅游的供应链视角[J]. 中外企业家，396(9)：81-82.

张侨，郭宏湘，2004. 基于信任的供应链治理机制研究[J]. 重庆交通学院学报(社科版)，4(4)：35-36.

张树夫，2000. 旅游地理[M]. 北京：中国林业出版社.

张书海，2007. 绿色供应链管理在生态旅游产品开发中的应用研究[J]. 生产力研究(2)：132-134.

张廷龙，房进军，2017. 收益共享契约下旅游供应链竞争与协调[J]. 系统工程(1)：128-133.

张巍巍，2013. 旅游服务供应链运作中成员环节关系的协调研究[J]. 物流技术(13)：391-393，460.

张晓明，张辉，毛接炳，2008. 旅游服务供应链中若干环节的协调[J]. 城市发展研究(5)：139-143.

张晓明，张辉，毛接炳，2010. 旅游服务供应链中核心企业演变趋势的探讨[J]. 中国商贸(8)：165-166.

张艳，2014. 基于信息共享的煤炭供应链信息协同与绩效研究[D]. 太原：山西大学.

张月梅，吴筱娴，王应明，2015. 基于模糊故障树的旅游供应链可靠性分析[J]. 物流工程与管理(7)：197-200.

赵明，郑喜珅，2004. 跨境旅游资源国际合作开发探讨：以黑龙江中俄边境段为例[J]. 世界地理研究(4)：86-93.

赵祎馨，2018. 旅游电商为发展核心下的旅游服务供应链协调机制[J]. 度假旅游(3)：16—17.

赵政原，2018."一带一路"背景下跨国旅游合作的国际政治经济学分析[J].文化产业研究(2):187-199.

郑四渭，方芳，2014.虚拟集群式旅游供应链模型构建研究[J].旅游学刊，29(2):46-54.

郑四渭，王玲玲，2010.会展旅游服务供应链的顾客价值创新[J].商业研究(12):202-205.

周垂日，吴钰，2013.旅游供应链中供货商与投机商的收益协调研究[J].电子科技大学学报(社科版)(6)：36-40.

周晓丽，2010.关于中国现阶段旅游供应链核心企业的思考[J].长治学院学报(6)：13-16.

周兴，王远坤，2013.城市经济辐射区乡村旅游绿色供应链模式构建研究[J].新乡学院学报(社会科学版)，27(6)：65-67.

庄亚明，李晏墅，李金生，等，2010.供应链协同研究综述[J].经济学动态(4)：86-89.

张聿超，2013.产业融合背景下旅游供应链协调机制研究[D].秦皇岛：燕山大学.

邹辉霞，2007.供应链协同管理：理论与方法[M].北京：北京大学出版社.

邹辉霞，2004.企业供应商选择方法探析[J].科技进步与对策(2)：102-104.

左小明，2011.旅游服务供应链协作关系治理研究[J].现代管理科学(4)：54-55，66.

ADRIANA B，2009. Environmental supply chain management in tourism：the case of large tour operators [J]. Journal of cleaner production，17(16):1385-1392.

AJZEN I, FISHBEIN M, 1980. Understanding attitudes and predicting social behavior [M]. Englewood Cliffs, NJ: Prentice-Hall.

AJZEN I, 1985. From intention to actions: a theory of planned behavior [M]. New York: Springer.

AJZEN I, 1991. The theory of planned behavior [J]. Organizational behavior and human decision processes, 50(2): 179-211.

AJZEN I, 2011. Nature and operation of attitudes [J]. Annual review of psychology: 27-58.

ALFORD P A, 2005. Framework for mapping and evaluation business process costs in the tourism industry supply chain [C]. Proceedings of the International Conference in Innsbruck: 125-136.

ANDERSON D L, LEE H L. 1999. Synchronized supply chains: the new frontier[J]. Achieving supply chain excellence through technology, 6(1).

ANDERSON J C, GERBING D W, 1988. Structural equation modeling in practice: a review and recommended two-step approach[J]. Psychological bulletin, 103:411-423.

ANDRAWIS R R, ATIYA A F, EL-SHISHINY H, 2011. Combination of long-term and short-term forecasts, with application to tourism demand forecasting[J]. International journal of forecasting, 27(3): 870-886.

ATHANASOPOULOS G, AHMED R A, HYNDMAN R J, 2009. Hierarchical forecasts for Australian domestic tourism [J]. International journal of forecasting, 25(1): 146-166.

ATHANASOPOULOS G, HYNDMAN R J, 2008. Modelling and forecasting Australian domestic tourism[J]. Tourism management, 29(1): 19-31.

BABU D E, KAUR A, RAJENDRAN C, 2018. Sustainability practices in tourism supply chain: importance performance analysis[J]. Benchmarking: an international journal, 25(4):1148-1170.

BASTAKIS C, BUHALIS D, BUTLER R, 2004. The perception of small and medium sized tourism accommodation providers on the impacts of the tour operators' power in the eastern Mediterranean [J]. Tourism management (25):151-170.

BEAMON B M, 1998. Supply chain design and analysis: models and methods[J]. International journal of production economics, 55(3): 281-294.

BECKER M, 1970. Socio-metric location and innovativeness[J]. American sociological review, 35(4): 267-282.

BERITELLI P, BIEGER T, PECHLANER H, et al., 2014. From destination governance to destination leadership: defining and exploring the significance with the help of a systemic perspective. [J]. Tourism review, 69(1):25-46.

BEVILACQUA E, CASTI E, 1989. The structure and impact of international tourism in the Veneto region, Italy[J]. GeoJournal, 19 (3):285-287.

BLAKE J, 2010. Supply chain coordination and performance management with real options based relationships[J]. Multinational finance journal, 14(1/2):29-64.

BOWEN D, 2001. Antecedents of consumer satisfaction and dissatisfaction on long-haul inclusive tours: a reality check on theoretical considerations[J]. Tourism management (22): 49-61.

BREAD J B, RAGHEB M G, 1980. Measuring leisure satisfaction [J]. Journal of leisure research(12): 20-33.

BURT R S, 1992. Structural holes: the social structure of competition [M]. MA: Harvard University Press.

CACCOMO J L, SOLON, RASNA B, 2001. Tourism activities and price Differences: imperfect information and asymmetric competition [C]. The 28th Annual Conference of the European Association for Research in Industrial Economics, Dublin, Ireland.

CANDELA G, CELLINI R, 2006. Investment in tourism: a dynamic model of differentiated oligopoly[J]. Environmental and resource economics(35): 41-58.

CARLSON A W, 1980. Geographical research on international and domestic tourism[J]. Journal of cultural geography, 1(1): 149-160.

CHAN C K, WITT S F, LEE Y C E, et al., 2010. Tourism forecast combination using the CUSUM technique[J]. Tourism management, 31(6): 891-897.

CHEN C, LAI M, YEH C, 2012. Forecasting tourism demand based on empirical mode decomposition and neural network[J]. Knowledge-Based Systems, 26(0): 281-287.

CHEN K, 2011. Combining linear and nonlinear model in forecasting tourism demand[J]. Expert systems with applications, 38 (8): 10368-10376.

CHEN S, GURSOY D, 2001. An investigation of tourists' destination loyalty and preferences [J]. International journal of contemporary hospitality management，13(2)：79-85.

CHRISTOPHER M，1996. Networks and logistics：managing supply chain relationship[J]. Asia-Australia Marketing journal，4(1)：19-24.

CHU F L，2004. Forecasting tourism demand：a cubic polynomial approach[J]. Tourism management，25(2)：209-218.

CHU F L，2008. A fractionally integrated autoregressive moving average approach to forecasting tourism demand[J]. Tourism management，29(1)：79-88.

CHU F L，2008. Analyzing and forecasting tourism demand with ARAR algorithm[J]. Tourism management，29(6)：1185-1196.

CHU F L，2009. Forecasting tourism demand with ARMA-based methods[J]. Tourism management，30(5)：740-751.

CHU F L，2011. A piecewise linear approach to modeling and forecasting demand for Macao tourism[J]. Tourism management，32(6)：1414-1420.

CLARK A J，SCARF H，1960. Optimal policies for a multi-echelon inventory problem[J]. Management science，6(4)：475-490.

CRO S，MARTINS A M，2017. Structural breaks in international tourism demand：Are they caused by crises or disasters? [J]. Tourism management，63：3-9.

DAVIS F D，1989. Perceived usefulness，perceived ease of use，and user acceptance of information technology [J]. MIS quarterly，13(3)：319-340.

DEVELLIS R F，1991. Scale development theory and applications

[M]. London: SAGE.

EDWARD G, CARMINES E, MCIVER J, 1981. Analyzing models with unobserved variables: analysis of covariance structures[J]. Social measurement current issues, 10:65-115.

ELLRAM L M, 2002. Supply management's involvement in the target costing process[J]. European journal of purchasing and supply management, 8(4):235-244.

ELLRAM L M, WENDY L T, COREY B, 2004. Understanding and managing the services supply chain [J]. Journal of supply chain management(4):17-32.

FADEEVA Z, 2005. Translation of sustainability ideas in tourism networks: some roles of cross-sector networks in change towards sustainable development [J]. Journal of cleaner production, 13(2): 175-189.

FAWCETT S E, FAWCETT A M, WASTON BJ, et al., 2012. Peeking inside the black box: Toward an understanding of supply chain collaboration dynamics[J]. Journal of Supply Chain Management, 48(1):44-72.

FISHBEIN M, 1963. An investigation of the relationships between beliefs about an object and the attitude toward that object[J]. Human relations, 16:233-240.

FREEMAN L C, 1979. Centrality in social networks: conceptual clarification[J]. Social network(1):215-239.

GARCIA D, TUGOERS M, 2006. Optimal choice of quality in hotel services [J]. Annuals of tourism research, 33(2):456-469.

GOLLWITZER P M, BARPH J A, 1996. The psychology of action: linking cognition and motivation to behavior[M]. New York: Guilford Press.

GOSAR A, 1989. Structural impact of international tourism in Yugoslavia[J]. GeoJournal, 19(3):277-283.

GRANOVETTER M S, 1985. Economic action and social structure: the problem of embeddedness[J]. American journal of sociology, 91 (3):481-510.

GUIZZARDI A, MAZZOCCHI M, 2010. Tourism demand for Italy and the business cycle[J]. Tourism management, 31(3): 367-377.

HAIR J F, GABRIEL M, PATEL V, 2015. Amos covariance-based structural equation modeling (CB-SEM): guidelines on its application as a marketing research tool[J]. Social science electronic publishing, 13(2): 44-55.

HARPS L H, 2000. The haves and the have not's: supply chain best practices for the new millennium [J]. Inbound logistics.

HOFER A R, HOFER C, WALLER M A, 2014. What gets suppliers to play and who gets the pay? On the antecedents and outcomes of collaboration in retailer-supplier dyads[J]. International journal of logistics management, 25(2):226-244.

HOLLOWAY J C, 2009. The business of tourism [J]. Business of tourism, 30(3):756-758.

HONG W, DONG Y, CHEN L, et al., 2011. SVR with hybrid chaotic genetic algorithms for tourism demand forecasting[J]. Applied soft computing, 11(2): 1881-1890.

JAYARAM J，VICKERY S K，DROGE C，1999. An empirical study of time-based competition in the North American automotive supplier industry[J]. International journal of operations and production management，19(10):1010-1034.

JONAS N，2004. Estimating and Predicting International Tourism Demand in Sweden[J]. Scandinavian Journal of Hospitality and Tourism，4 (1):59-76.

KAISER H F，1974. An index of factorial simplicity[J]. Psychometrika，39(31): 36.

KATIRCIOGLU S T，2014. International tourism，energy consumption，and environmental pollution: the case of Turkey[J]. Renewable and sustainable energy reviews，36: 180-187.

KAUKAL M，HOPKEN W，WERTHNER H，2000. An approach to enable interoperability in electronic tourism markets[C]. Proceedings of the 8th European Conference on Information Systems，Trends in Information and Communication Systems for the 21st Century，ECIS 2000，Vienna，Austria，July 3-5.

KEMPERMAN A，2000. Temporal aspects of theme park choice behavior: modeling variety seeking，seasonality and diversification to support theme park planning [D]. Eindhoven: Eindhoven University of Technology.

KIM J，LEE C K，MJELDE J W，2018. Impact of economic policy on international tourism demand: the case of Abenomics[J]. Current issues in tourism，21(16): 1912-1929.

KNOKE D，1990. Political networks: the structural perspective[M]. Cambridge: Cambridge University Press.

LEE H L, WHANG S, 2000. Information sharing in a supply chain[J]. International journal of technology management, 1(3/4):79-93.

LEE T H, 2013. Influence Analysis of Community Resident Support for Sustainable Tourism Development [J]. Tourism Management, 34(2): 37-46.

LIM C,1997. The functional specification of international tourism demand models[J]. Mathematics and computers in simulation, 43(3): 535-543.

LIN, HSIEN-CHENG, 2014. Assessment of the partnership quality between travel agencies and health care organizations on the international medical tourism market in Taiwan[J]. Journal of quality assurance in hospitality & tourism, 15(4):356-381.

LUSIA F, ORTIZ F, 2009. Selección de proveedores: una aproximación al estado del arte[J]. Cuadernos De Administración, 22(38):145-168.

MANTHOU V, VLACHOPOULOU M, FOLINAS D, 2004. Virtual e-chain(VeC)model for supply chain collaboration[J]. International journal of production economics, 87(3):241-250.

MASA' DEH R, NASSEEF M A, ALKOUDARY A, et al., 2017. The impact of motivation for attendance on destination loyalty via the mediating effect of tourist satisfaction[J]. International journal of business administration, 8(4):34.

MAZURSKY D, 1989. Past experience and future tourism decisions [J]. Annals of tourism research,16(2): 333-344.

MUHAMMAD K R, SUHAIZA Z, 2017. The effectiveness and outcomes of the Muslim-friendly medical tourism supply chain[M]. Journal of islamic marketing, 8(4):732-752.

NORDSEREOM, JONAS, 2004. Estimating and predicting international tourism demand in Sweden[J]. Scandinavian journal of hospitality & tourism, 4(1):59-76.

PAGE S, 2003. Tourism management: managing for change [M]. Amsterdam: Elsevier.

PAULRAJ A, LADO A A, INJAZZ J, CHEN I J, 2008. Inter-organizational communication as a relational competency: antecedents and performance outcomes in collaborative buyer-supplier relationships [J]. Journal of operations management, 26:45-64.

PECK H, JUTTNER U, 2000. Strategy and relationships: defining the interface in supply chain contexts[J]. International journal of logistics management, 11(2):33-44.

PENG H, XU X, CHEN W, 2011. Tourism Supply Chain Coordination by Tourism Websites[C]. International Conference on Management and Service Science, IEEE, 1-4.

PINTASSILGO P, SILVA J A, 2007. "Tragedy of the Commons" in the tourism accommodation industry [J]. Tourism economics, 13 (2): 209-224.

PIZAM A, NEUMANN Y, REICHEL A, 1978. Dimensions of tourist satisfaction with a destination[J]. Annals of tourism research, 5(3): 314-322.

POLANYI K, ARENSBERG C, PEASON H, 1957. Trade and market in the early empires[M].New York: Free Press.

RA'ED M，OMAR A，NOOF A，RAWAN R，REEM A，ALI T，2017. The impact of employee's perception of implementing green supply chain management on hotel's economic and operational performance[J]. Journal of Hospitality and Tourism Technology，3 (8)：395-416.

REINO S，ALZUASORZABAL A，BAGGIO R，2016. Adopting interoperability solutions for online tourism distribution：an evaluation framework[J]. Journal of Hospitality & Tourism Technology，7 (1)：2-15.

RICHTER L C,1979. International tourism：a political and social analysis[J]. American political science review,73(4)：1223-1224.

ROGERS E，1962. Diffusion of innovations[M]. New York：Free Press.

ROMERO I，TEJADA P，2011. A multi-level approach to the study of production chains in the tourism sector.[J]. Tourism Management，32(2)：297-306.

ROSENZWEIG E D，2009. A contingent view of e-collaboration and performance in manufacturing[J]. Journal of operations management，27 (6)：462-478.

SANDERS N R，FUGATE B S，ZACHARIA Z G，2016. Interdisciplinary research in SCM：through the lens of the behavioral theory of the firm[J]. Journal of business logistics，37(2)：107-112.

SCHWARTZ K，TAPPER R，FONT X，2008. A sustainable supply chain management framework for tour operators [J]. Journal of sustainable tourism，16(3)：120-125.

SEGARS A H, GROVER V, 1993. Re-examining perceived ease of use and usefulness: a confirmatory factor analysis [J]. MIS quarterly, 17:517-525.

SHEN S T, LI G, SONG H Y, 2011. Combination forecasts of international tourism demand [J]. Annals of tourism research, 38(1): 72-89.

SIGALA M, 2008. A supply chain management approach for investigating the role of tour operators on sustainable tourism: the case of TUI [J]. Journal of cleaner production, 16(15): 1589-1599.

SLACK N, 1988. Manufacturing system flexibility: an assessment procedure [J]. Computer-integrated manufacturing systems,1(1):25-31.

SMITH A, 1977. An inquiry into the nature and cause of the wealth of nations[M]. Chicago:University of Chicago Press.

SMITH S J, XIAO H G, 2008. Culinary tourism supply chains: a preliminary examination [J]. Journal of travel research, 46(3):289-299.

STEIGER J H, 1990. Structure model evaluation and modification: an interval estimation approach[J]. Multivariate behavioral tesearch, 25: 173-180.

TAPPER R, FONT X. Tourism supply chain: report of a desk research project for the travel foundation [R/OL].(2004-1-31)[2018-9-24]. http://www.icrtourism.org/documents/Tourism Supply Chains.

TEPELUS C M, 2005. Aiming for sustainable in the tour operating business [J]. Journal of cleaner production, 13(2):99-107.

TSANOS C S, ZOGRAFOS K G, HARRISON A, 2014. Developing a conceptual model for examining the supply chain relationships between behavioural antecedents of collaboration, integration and performance[J]. International journal of logistics management, 25(3): 418-462.

VICTORIA W, JACKIE C, HAWKINS R, 2013. Implementing Sustainable Tourism: a multi-stakeholder involvement management framework [J]. Tourism management, 36(3): 342-353.

WACHSMAN Y, 2006. Strategic interactions among firms in tourist destinations[J]. Tourism economics, 12(4):531-541.

WEBER M, 1947. The theory of social and economic organization [M]. New York: Oxford University Press.

WEIERMAIR K, 2005. Prospects for innovation in tourism: analyzing the innovation potential throughout the tourism value chain [J]. Journal of quality assurance in hospitality & tourism, 6(34):59-72.

WESTERBERGV, JETTE BJ, ROBERT L, 2012. The Case for Offshore Wind Farms, Artificial Reefs and Sustainable Tourism in the French Mediterranean [J]. Tourism Management, 34(2): 172-183.

WHEATON B, MUTHEN B, ALWIN D, et al., 1977. Assessing reliability and stability in panel models[M]. San Francisco: Jossey-Bass.

WYNNE C, BERTHON P, PITT L, et al., 2001. The impact of the Internet on the distribution value chain: the case of the South African tourism industry[J]. International marketing review, 18(4):420-431.

YAP G, ALLEN D, 2011. Investigating other leading indicators influencing Australian domestic tourism demand[J]. Mathematics and computers in simulation，81(7)：1365-1374.

YENIYURT S，HENKE J W，YALCINKAYA G，2014. A longitudinal analysis of supplier involvement in buyers' new product development：working relations，inter-dependence，co-innovation，and performance outcomes［J］. Journal of the academy of marketing science，42(3)：291-308.

YILDIRIM C，OFLAC B S，YURT O，2018. The doer effect of failure and recovery in multi-agent cases：service supply chain perspective［J］. Journal of service theory and practice，28(3)：274-297.

YILMAZ Y，BITICI U，2006. Performance measurement in the value chain：manufacturing v. tourism ［J］ International journal of productivity and performance management，55(5)：371-389.

ZHANG X，2010. An investigation into the vertical coordination in tourism cupply chains through buyback policy［C］// Proceedings of the 6th CIRP-sponsored International Conference on Digital Enterprise Technology. Springer Berlin Heidelberg，492-496.

ZHANG X，SONG H，GEORGE H，2009. Tourism supply chain management：a new research agenda ［J］. Tourism management，30(3)：345-358.